한 권으로 끝내는 철인3종의 모든 것

트라이애슬론 바이블

이재학

박영사

"철인(鐵人)을 향한 위대한 여정의 시작"

"철인3종? 그거 너무 힘든 것 아니야? 그 힘든 걸 도대체 왜 하는 거야?"
"어휴, 그건 너니깐 하는 거지 나 같은 평범한 사람은 꿈도 못 꿔"
"근데 트라이애슬론 그건 어떻게 하는 거예요?"

사람들을 만나 대화를 나누다 보면 자연스레 각자의 취미를 말할 기회가 생깁니다. 수영과 자전거, 러닝이 취미라고 말하면 사람들은 철인3종을 떠올리면서 위와 같이 대답하고는 합니다. 그러면 저는 웃으면서 대답합니다.

"지금 여러분도 당장 철인3종을 할 수 있어요. 걱정 마세요, 제가 도와드릴게요!"

"철인3종경기"는 무언가 특별한 사람만이 할 수 있는 운동이라는 이미지가 강해서 많은 사람들이 어렵다고 느끼는 것 같습니다. 그리고 조금이나마 트라이애슬론에 관심이 생기더라도 어디서부터 어떻게 시작해야 하는지 궁금증을 쉽고 체계적으로 해결할 수 있는 방안은 없었습니다. 하지만 제가 직접 이 스포츠를 경험해보니 조금만 관심을 가지고 준비한다면 누구든지 쉽고 재미있게 즐길 수 있는 스포츠라는 생각이 들었습니다.

저는 트라이애슬론 프로 선수도 아니고, 트라이애슬론 엘리트 교육을 받은 적도 없습니다. 여러분과 같이 운동을 좋아하는 평범한 직장인일 뿐입니다. 하지만 그렇기 때문에 여러분의 상황을 이해하며 여러분이 더 쉽게 트라이애슬론을 시작할 수 있도록 도움을 드릴 수 있습니다.

이 책은 트라이애슬론이 궁금하신 분들, 첫 도전을 준비하시는 분들 뿐만 아니라 이미 트라이애슬론을 시작하였지만 본인의 실력을 향상시키고 싶은 분들까지 모두 아우를 수 있도록 준비하였습니다.

이 책을 통해서 막연히 멀게만 느껴졌던 철인3종경기라는 단어가 친근하게 다가오며 여러분들의 잠들어 있던 열정을 다시 깨울 수 있기를 바랍니다. 이 책을 다 읽고 나면 출발선 앞에 서 있는 자신의 모습을 보게 되리라 믿습니다. 누구나 할 수 있기에 여러분도 할 수 있다는 믿음을 가지고 끝까지 함께해주시기 바랍니다.

저자 이재학

CONTENTS

SWIM >

CYCLE >>

RUN >>>

TRIATHLON BIBLE

01

출발! 트라이애슬론

CHAPTER 01 트라이애슬론의 역사

1 트라이애슬론의 시초

트라이애슬론(Triathlon)의 Tri는 3가지, athlon은 경기라는 의미의 라틴어입니다. 이름에서 알 수 있듯 트라이애슬론은 3가지 경기, 즉 수영, 사이클, 마라톤 3가지 종류의 운동을 연달아 완주하는 혹독하지만 재미있는 경기입니다.

트라이애슬론은 하와이에 주둔 중이던 미 해군 중령 존 콜린스(John Collins)와 동료들이 하와이 오아후 술집에서 벌인 논쟁에서 시작되었습니다. 수영 선수와 달리기 선수 중 누가 더 낫냐는 사소한 논쟁이었죠. 이러한 논쟁 뒤에 존은 와이키키 해안에서의 수영 2.4mile(3.8km), 오아후 섬을 일주하는 사이클 112mile(180.2km), 호놀룰루 마라톤 코스 26.2mile(42.195km)을 연달아 경주하여 가장 먼저 완주하는 사람에게 "Iron Man"(아이언맨)이라는 칭호를 부여하고, 가장 강한 사람으로 인정하자는 제안을 하였습니다.

1978년 2월 18일 15명의 선수들이 참가하여 12명이 완주에 성공하였습니다. 원래 신청자는 18명이었지만 대회 당일 매우 궂은 날씨로 인하여 대회장에서 3명이 포기하면서 15명만이 레이스를 시작하였습니다. 첫 아이언맨 대회에서는 고든 할러(Gordon Haller)가 11시간 46분 58초의 기록으로 완주하며 최초의 아이언맨 칭호를 받게 됩니다.

이것이 바로 첫 트라이애슬론, 아이언맨의 탄생이었습니다.

트라이애슬론은 2000년 시드니 올림픽에서 처음 정식 종목으로 선보였습니다. 수영 1.5km, 사이클 40km, 러닝 10km로 구성된 올림픽 트라이애슬론 경기는 이후 가장 스탠다드한 경기 형태가 되었습니다.

영국의 Alistair Brownlee 선수는 2012년 영국 런던 올림픽과 2016년 브라질 리우데자네이루 올림픽 남자 개인 종목에서 금메달을 차지하며 올림픽 트라이애슬론 종목 최초로 2연패를 달성한 선수가 되었습니다.

우리나라에서는 2012년 런던 올림픽에 대한민국 최초로 허민호 선수가 트라이애슬론 남자 개인 종목에 참가하여 세계 정상급 선수들과 함께 레이스를 펼쳤습니다.

CHAPTER **02** 트라이애슬론의 종류

1 트라이애슬론 대회의 구분

트라이애슬론은 수영, 사이클, 러닝 3가지 종목의 거리와 경기 방식에 따라 다양한 종류의 대회가 개최되고 있습니다.

트라이애슬론 경기는 각 종목별 거리에 따라 크게 4가지로 분류할 수 있습니다.

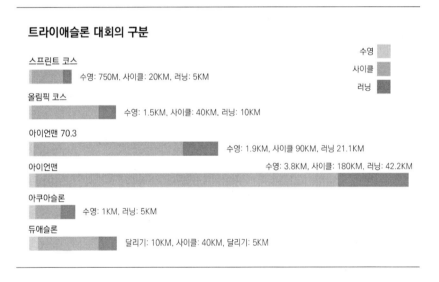

트라이애슬론 대회의 구분

수영
사이클
러닝

스프린트 코스
수영: 750M, 사이클: 20KM, 러닝: 5KM

올림픽 코스
수영: 1.5KM, 사이클: 40KM. 러닝: 10KM

아이언맨 70.3
수영: 1.9KM, 사이클 90KM, 러닝 21.1KM

아이언맨
수영: 3.8KM, 사이클: 180KM. 러닝: 42.2KM

아쿠아슬론
수영: 1KM, 러닝: 5KM

듀애슬론
달리기: 10KM, 사이클: 40KM, 달리기: 5KM

한편 트라이애슬론 대회를 주최하는 단체에 따라 구분할 수도 있습니다. World Triathlon은 올림픽 경기와 트라이애슬론 월드시리즈 (WTCS, World Triathlon Championship Series), 트라이애슬론 월드컵 등의 국제 대회를 운영합니다.

아이언맨 그룹은 대표적인 상업 트라이애슬론 단체로서 전 세계를 무대로 아이언맨, 아이언맨 70.3, 아이언맨 월드챔피언십 등의 대회를 개최합니다.

한편 아이언맨 그룹의 경쟁 브랜드로 Challenge Family가 있습니다. 아이언맨 그룹의 대회들과 마찬가지로 세계 곳곳에서 중장거리 대회를 개최하고 있습니다. 대표적인 레이스로 독일에서 개최하는 Challenge Roth가 있습니다.

이 밖에도 프로 트라이애슬론 선수들을 초청하여 운영하는 PTO (Professional Triathletes Organisation), 오프로드 트라이애슬론 대회를 운영하는 XTERRA(엑스테라)가 있습니다.

▌아이언맨 코스(Ironman triathlon)

트라이애슬론 하면 떠오르는 가장 극한의 코스는 바로 "아이언맨 (Ironman triathlon) 코스"입니다. 아이언맨 코스라는 이름 이외에도 아이언 맨 140.6, 트라이애슬론 풀코스 또는 트라이애슬론 킹코스라고도 불립니다. 이 코스는 수영 3.8km(2.4mile), 사이클 180km(112mile), 러닝 42.195km (26.2mile)로 구성된 거리를 완주하여야 합니다. "140.6 코스"라 불리는 이 유는 수영, 사이클, 러닝 3종목의 거리를 마일(Mile)로 계산하여 모두 합할 경우 140.6마일이 되기 때문입니다. 이 종목의 컷오프 타임은 17시간 이고 일반적으로 성인 남성의 경우 평균 13시간, 여성은 14시간 정도면 완주할 수 있는 것으로 보고 있습니다. 일반인이 11시간 이내에 골인한 다면 그것만으로도 대단한 기록이라 할 수 있겠습니다. 프로 트라이애슬 릿은 약 8시간(여성 선수들은 9시간)대에 완주를 합니다. 우리나라에서도 아이언맨 코스 대회가 꾸준히 개최되고 있는데 가장 인기 있는 대회로 는 전남 구례에서 열리는 "아이언맨 구례" 대회가 있습니다.

하프 아이언맨 코스(Half – Ironman triathlon)

아이언맨 코스에 이어서 두 번째로 긴 코스로는 하프 아이언맨(Half-Ironman triathlon) 코스가 있습니다. 아이언맨 70.3(Ironman 70.3) 또는 트라이애슬론 하프코스라고도 불립니다. 호칭에서도 알 수 있듯이 가장 긴 거리인 트라이애슬론 풀코스의 절반을 완주하는 코스입니다. 수영 1.9km (1.2mile), 사이클 90km(56mile), 러닝 21.1km(13.1mile)를 완주해야 합니다.

한편 PTO에서는 "T100"이라는 이름의 새로운 하프코스 레이스를 개최하고 있습니다. 수영 2km, 사이클 80km, 러닝 18km로 구성되어서 합계 100km를 완주해야 합니다.

올림픽 코스(Olympic distance triathlon)

올림픽 코스는 트라이애슬론 대회 중 가장 대중적이며 많은 동호인들이 참가하는 코스입니다. 올림픽 코스는 수영 1.5km, 사이클 40km, 러닝 10km로 진행됩니다. 우리나라에서 개최되는 대부분의 올림픽 코스 대회들은 3시간 30분의 컷오프 타임을 가지고 있습니다. 국내 대표 올림픽 코스 대회로는 경남 통영에서 열리는 "통영 월드 트라이애슬론 컵" 대회가 있습니다.

스프린트 코스(Sprint triathlon)

트라이애슬론 대회 중 가장 짧은 길이의 스프린트 코스는 올림픽 코스의 절반 거리로 수영 750m, 사이클 20km, 러닝 5km로 이루어져 있으며, 주로 일반 동호인보다는 엘리트 선수들의 대회 종목으로 운영되고 있습니다.

트라이애슬론 경기는 거리뿐만 아니라 경기 방식에 따라서도 다양하게 구성됩니다.

듀애슬론(Duathlon)과 아쿠아슬론(Aquathlon)

듀애슬론은 수영을 대신하여 러닝을 두 번 치르는 대회입니다. 듀애슬론도 종목별 거리에 따라 다양하게 구성되며 스탠다드 거리는 러닝 10km, 사이클 40km, 러닝 5km로 구성됩니다. 아쿠아슬론은 사이클이 빠지고 수영과 러닝으로 경기가 치러집니다. 수영 1km, 러닝 5km로 진행됩니다.

혼성 릴레이 경기(Mixed relay triathlon)

비교적 최근에 엘리트 대회에서 시행된 경기 형태이며 남성 2명, 여성 2명, 총 4명이 한 팀을 이루어서 릴레이 형식으로 경기를 치릅니다. 각 선수는 수영 300m, 사이클 7.2km, 러닝 2km를 완주하여야 합니다. 2020 도쿄 올림픽에서 첫 정식종목으로 채택되었으며 이 대회에서 영국이 금메달을 차지하였습니다.

2 아이언맨 월드챔피언십 :: 전 세계 최고의 철인을 가린다

축구하면 가장 큰 대회로 월드컵을 떠올리는 것과 같이, 트라이애슬론에도 최고의 선수들이 참가하여 영광의 자리를 차지하기 위해 경쟁하는 대회가 있습니다. "Ironman" 브랜드가 주관하는 "아이언맨 월드챔피언십"입니다. 모든 철인3종 동호인들의 꿈의 무대라 할 수 있죠.

이 대회에 참가하기 위해서는 따로 먼저 참가자격을 획득해야 합니다. 공식 Ironman 대회 각 에이지별 그룹 내에서 좋은 성적을 거두어야 하며 참가자격을 획득하면 해당 대회장에서 곧바로 접수해야 참가가 가능합니다. 참가비는 상당히 비싸지만 꿈의 대회이니만큼 기회가 온다면 꼭 참가하는 것이 좋겠죠?

TIP 대한민국 최고의 아이언맨은 누구일까?

박병훈 前프로는 대한민국 아이언맨의 전설이자 국내 아이언맨 최고기록을 보유하고 있습니다. 2008년 미국 플로리다에서 개최된 Iromnam Florida 대회에서 박병훈 선수가 아시아 신기록(08:28:51)을 세우면서 전체 7위로 골인하였습니다.

Men

			Swim	T1	Bike	T2	Run	Overall
1		TOM EVANS	48:15 (2)	1:44	4:19:00 (1)	1:44	2:57:19 (4)	8:07:59
2		TORBJORN SINDBALLE	48:30 (4)	2:05	4:21:31 (2)	2:14	3:03:33 (11)	8:17:51
3		PETR VABROUSEK	53:18 (15)	2:18	4:29:34 (7)	2:16	2:55:37 (2)	8:23:00
4		CHRISTOPHE BASTIE	53:15 (13)	2:10	4:25:13 (3)	1:41	3:02:25 (10)	8:24:41
5		UWE WIDMANN	51:16 (8)	2:10	4:30:26 (8)	1:49	2:59:56 (7)	8:25:34
6		SWEN SUNDBERG	53:17 (14)	2:00	4:27:41 (6)	2:11	3:01:46 (8)	8:26:52
7		BYUNG HOON PARK	58:55 (32)	2:25	4:27:41 (5)	1:13	2:58:38 (6)	8:28:51

출처: stats.protriathletes.org

3 트라이애슬론 대회 참가하기

국내에서는 과거 대한트라이애슬론연맹과 국민생활체육 전국철인3종경기연합회가 각각 철인3종경기를 운영해오다가, 2016년 두 단체가 통합하여 "대한철인3종협회"가 출범하였습니다. 국내 트라이애슬론 대회에 참가하기 위해서는 대한철인3종협회에서 동호인부 선수 등록을 해야 합니다. 스포츠인권교육과 도핑교육을 이수하고 선수 등록비를 납부하면 동호인부 선수로 등록이 가능합니다.

대한철인3종협회에서 국내에서 개최되는 각종 대회의 세부 정보와 일정을 확인하고 참가를 신청할 수 있으며, 개인 대회 참가기록 내역도 관리되기에 개인 기록의 역사도 한눈에 확인할 수 있습니다.

국내 주요 대회로는 대구광역시에서 개최되는 대구광역시장배 철인3종대회, 경기도 이천시에서 개최되는 설봉 철인3종대회, 문화체육관광부장관배 전국 트라이애슬론 선수권 대회, 경남 통영의 통영 월드 트라이애슬론 컵 대회 등이 있습니다.

출처: 대한철인3종협회 홈페이지

CHAPTER 03 트라이애슬론 경기 규칙

앞서 말씀드린 것처럼 트라이애슬론은 수영, 사이클, 달리기라는 3가지 종목이 혼합되어 있습니다. 트라이애슬론을 완주하기 위해서는 이 세 종목의 경기 규칙을 모두 준수하여야 합니다. 그리고 수영에서 사이클로, 사이클에서 러닝으로 종목을 전환하기 위해서는 자전거를 거치하고 운동화를 갈아 신을 곳도 필요합니다. 이 세 종목의 전환을 위해서 트라이애슬론에는 "바꿈터"(Transition)라는 장소가 존재하며 바꿈터에서도 경기 규칙을 준수하여야 합니다. 결국 바꿈터까지 더한다면 트라이애슬론은 4가지 종목에 대한 경기 규칙을 이해하고 있어야 합니다.

이번에는 트라이애슬론 대회에 참가하는 선수라면 알아두어야 할 기본적이면서 필수적인, 하지만 놓치기 쉬운 규칙을 설명해드리고 입문자의 궁금증을 해결해 드리겠습니다.

TIP 트라이애슬론 대회에도 컷오프가 있다?!

아마 마라톤 풀코스 대회를 참가해본 경험이 있는 마라토너라면 대회 컷오프가 생소하지는 않을 것입니다. 수영의 경우 수영 종목을 마치고 바꿈터 입장 시간 기준 또는 다음 종목인 사이클 준비를 완료하고 바꿈터를 떠나는 시간을 기준으로 하여 50분의 컷오프 타임을 설정하는 경우가 많습니다(올림픽 코스 기준). 또한 올림픽 코스 대회의 전체 컷오프 타임은 일반적으로 3시간 30분입니다. 대회에 따라서는 컷오프 타임을 따로 적용하지 않는 대회도 있습니다.

따라서 대회에 참가하기 전에 미리 대회 운영본부에 문의를 하거나 대회 요강을 통해서 컷오프 타임을 확인하도록 합시다.

수영 종목 기본 규칙

이제 소개해드릴 수영 규칙들은 대부분의 트라이애슬론 수영 종목에서 적용되고 있는 규칙이니 잘 숙지하여야 합니다. 대한철인3종협회 홈페이지나 대회 안내서에도 상세 규칙이 나와 있으니 반드시 확인 후 대회에 참가합시다.

① 수영 출발

수영은 같은 수영모를 착용한 같은 조 선수들과 함께 출발한다. 공식 수영모를 착용하지 않거나 본인의 그룹보다 먼저 다른 그룹에서 출발하는 경우 실격당할 수도 있다.

② 수모

모든 선수는 반드시 대회조직위가 제공하는 공식번호가 기록된 수모를 착용해야 한다. 공식 수모를 착용하지 않거나 변형하는 경우 실격당할 수도 있다.

③ 수영 경기는 자신의 힘만으로 주어진 코스를 완영해야 한다. 인공 추진 장치, 부력 장치, 배번(보온복 불허 수영 경기에서), 헤드폰, 헤드셋 등의 장비를 사용하여서는 아니 된다.

④ 선수 자신 혹은 다른 선수에게 위협이 될 수 있는 귀금속 등은 착용하지 않아야 한다.

⑤ 제한 시간 내에 수영 코스를 완주하지 못하면 경기를 지속할 수 없다.

⑥ 다른 선수를 때리거나 넘어서는 행위는 금지되어 있고 실격 사유가 된다.

⑦ 인명구조원의 도움이 필요하거나 긴급 상황 시 선수는 뒤로 눕거나 머리 위로 손을 들어 도움을 청할 수 있다. 만약 인명구조 요원이 선수가 위험에 처해 있다고 판단할 경우 경기를 중단시킬 권한이 있다.

⑧ 강한 바람, 폭우, 기온 변화, 유속과 같은 기후조건에 따라 보온복(웨트슈트) 착용 기준이 변경될 수 있다. 선수는 착용 기준 변경 여부에 관계없이 항시 보온복을 준비하는 것이 좋습니다.

⑨ (대회에 따라 다르지만)수영에서 포기하거나 실격되더라도 사이클과 달리기 종목을 계속할 수 있다. 그러나 수영을 마치고 바꿈터에 들어갈 때 기록칩을 반납하고 사이클과 달리기를 진행할 수 있다.

수영 종목 Q&A

Q1 참가 선수들의 수모 색깔은 왜 다른가요?

A1 트라이애슬론 대회에서는 연령대별 그룹 또는 과거 대회 수영기록을 기준으로 선수들을 분류하고, 이들을 구분하기 위해 수모 색상도 달리합니다. 예를 들어 나이에 따라 구분하는 경우 20대는 연두색, 30대는 노란색, 40대는 흰색과 같이 구분합니다. 이렇게 수모에 색을 넣어 분류하면 수영 출발 시 선수들 관리에 수월하고 선수들의 레이스 진행 상태를 점검하는 데도 좋습니다. 나와 같은 색상의 수모를 착용한 사람들을 본다면 내가 언제 출발해야 하는지도 쉽게 구분할 수 있는 장점이 있습니다.

Q2 수영 출발은 어떻게 하나요?

A2 수영 출발은 크게 3가지 방법으로 진행됩니다. 수면에 설치되어 있는 부표 위에서 대기하다가 물속으로 뛰어들며 출발하는 방법, 물속에 미리 입수하여 대기하다가 에어호른 소리와 동시에 출발하는 방법, 마지막으로 물 밖에서 대기하다가 에어호른 소리에 맞춰 물을 향해 뛰어들어 시작하는 방법이 있습니다. 부표 위에서 출발하는 경우 꼭 다이빙을 하지 않아도 괜찮습니다. 수영 초반 그룹이 아닌 중간 또는 후미 그룹에서 출발하거나 초보자분들이 다이빙으로 입수하는 것은 큰 부상으로 이어질 수도 있습니다. 잘못 다이빙했다가는 방금 막 출발한 앞선 선수와 부딪히거나 바닥과 충돌하여 크게 다칠 수도 있기 때문입니다. 그리고 수경이 벗겨져서 제대로 앞을 못 보는 상황이 발생할 수도 있습니다. 그러니 가능하다면 발끝부터 물에 뛰어들어 입수한 뒤 안전하게 출발하기를 권해드립니다.

만약 수영 몸싸움에 자신이 없거나 오픈 워터가 익숙하지 않으신 분, 첫 대회 출전이신 분은 마지막 그룹에서 출발하는 것도 좋은 선택입니다. 초반에 출발해야 하는 그룹에 배정받는 경우 1~2분 간격으로 쏟아져 나오는 후위 그룹의 선수들과 불가피하게 몸싸움을 해야 할 수도 있기 때문입니다.

Q3 평영으로 헤엄쳐도 괜찮은가요? 너무 힘들면 물에 떠 있어도 되나요?

A3 선수들은 물속에서 추진하기 위해 어떠한 영법을 사용해도 무방합니다. 따라서 평영을 하거나 접영으로 헤엄칠 수도 있습니다. 하지만 대부분의 선수들은 자유형으로 수영을 진행합니다. 자유형이 에너지소모를 가장 아끼면서 빠르게 장거리를 이동할 수 있는 영법이기 때문입니다.

그리고 물속에서는 입영을 하거나 물에 따라 부유할 수도 있습니다. 대회 중 격렬한 몸싸움 또는 오픈 워터에 대한 공포, 쥐 내림 등으로 인해 선수는 패닉 상태에 빠질 수 있습니다. 이럴 경우에는 잠시 멈춰 휴식을 취하며 마인드 컨트롤을 하는 것이 좋습니다. 상황에 따라서는 대회 수영 코스에 설치된 레인을 가볍게 잡고 휴식을 취할 수도 있습니다. 하지만 이때 레인을 잡고 이동을 하면 실격될 수 있으니 주의해야 합니다. 레인이 없는 경우에는 입영, 배영 또는 평영을 하며 마음의 안정을 취할 수 있습니다. 하지만 평영을 하는 경우에는 뒤 선수가 평영 발차기에 맞지 않도록 주의하여 조심히 진행해야 합니다. 배영의 경우에도 다른 선수들과 부딪힐 염려가 있으니 주의해야 합니다.

Q4 부표나 정지된 보트에 매달려 휴식하거나 물 밑바닥에 발을 딛고 서 있을 수 있나요?

A4 우리나라에서 개최되는 대회 대부분의 수영 종목에는 레인이 설치되어 있습니다. 이러한 레인은 빨랫줄에 노란색 부표가 중간에 하나씩 달려있는 형태를 가지고 있습니다. 만약 너무 힘들다면 이러한 부표나 정지된 보트에 아주 잠깐 매달려서 휴식하거나, 물 밑 바닥이 발에 닿는다면 바닥을 딛고 서 있을 수 있습니다.

하지만 외국 대회에는 이러한 레인이 설치되어 있지 않은 대회가 많습니다. 대신 반환점에 커다란 부표가 떠있을 뿐이죠. 이러한 차이점이 있다 보니 국내 대회에서 발생하는 논란 중 하나가 레인 안쪽에서 수영하는 경우 반칙으로 규정해야 하는지입니다.

외국에서는 부표만 제대로 돌면 되기에 부표를 목적지로 하여 좌 또는 우에서 부표에 접근하여 갈 수 있습니다. 물론 반환점 부표를 돌 때는 바깥쪽에서 돌아야 하겠지요. 하지만 레인이 설치된 경우에는 오직 레인 바깥쪽에서 헤엄쳐야 하기에 레인 주변에는 시간을 단축하거나 휴식을 취하기 위한 선수들이 몰려있어 몸싸움도 많이 발생합니다. 국내 대회 특성상 레인 안쪽으로 수영하는 것을 반칙으로 규정하는 대회도 있으므로 대회 참가 전에 잘 확인하셔야 됩니다.

Q5 코스 레인을 붙잡고 이동해도 되나요?

A5 대회에 참가하게 되면 무리한 경쟁과 기록 단축을 향한 과다한(?) 열정으로 인해 종종 반칙을 범하기도 하는데요. 그중 수영에서 나오는 가장 큰 반칙이 바로 "줄타기"입니다. 줄타기는 말 그대로 수영을 하면서 레인을 손으로 잡아 당기면서 이동하는 행위를 말합니다. 어엿한 철인이 되고자 한다면 이러한 행위를 하여서는 안 되겠습니다. 또한 이 줄타기가 위험한 것은 많은 사람들이 레인에 매달려 있거나 이를 붙잡고 이동하다보면 레인이 물에 가라앉아서 눈에 보이지 않게 됩니다. 결국 다른 선수들이 코스를 이탈하거나 정말 레인이 필요한 선수가 레인을 확인하지 못하여 힘든 레이스를 펼쳐야 하는 경우가 발생할 수 있습니다.

수영 종목에서 레인을 설치하는 이유는 선수들에게 올바른 방향에 대한 안내와 더불어 선수들이 수모나 수경을 다시 착용하거나, 안정을 취하는 등 참가 선수 모두의 무사 완주를 위한 것이라는 점을 꼭 명심하셨으면 좋겠습니다.

TIP 레인을 가까이 두고 수영할 경우의 장단점

레인 가까이에서 수영을 하면 에너지 소모를 줄일 수 있습니다. 보통 레인이 없거나 보이지 않는 경우에는 자신의 위치가 어디쯤인지, 반환 지점으로 제대로 가고 있는지 확인을 하기 위해 수영 중간 중간 머리를 들어 부표를 보는 헤드업을 섞어 진행해야 합니다. 하지만 헤드업을 하게 되면 그 만큼 추가적인 에너지를 더 소모해야 하기 때문에 선수들은 최소한의 헤드업으로 완주하기 위해 노력합니다. 하지만 레인 바로 옆에서 수영을 하면 이러한 헤드업 영법을 최소화하여 진행할 수 있습니다. 대부분의 선수들이 수영 시 오른쪽 호흡을 하는 점과 보통 레인의 왼쪽에서 시계방향으로 이동하는 대회 특성상 자연스레 레인의 위치와 방향을 확인하면서 수영을 할 수 있기 때문입니다.

하지만 이러한 장점이 있는 만큼 단점도 있는데요. 레인 바로 옆에는 상위권 선수들을 포함하여 많은 선수들이 레인 주변으로 모이게 됩니다. 그렇기에 몸싸움이 굉장히 심하며 양보 또한 잘 하지 않습니다. 입문자 분들께서는 선두권이 출발하여 어느 정도 거리가 벌어진 후 레인 옆에서 수영하기를 권장합니다.

Q6 대회용 수모를 분실했는데, 개인 수모를 착용하고 대회에 참가해도 될까요? 아니면 수모 없이 그냥 물속으로 뛰어들어야 할까요?

A6 수모를 분실했다고 해서 크게 걱정하실 필요는 없습니다. 이런 상황을 대비해서 대회 운영본부에는 예비용 수모를 준비해 두고 있습니다. 운영본부를 통해 대회용 수모를 새로 지급받고 대회에 참가하면 됩니다. 만약 수모를 잃어버렸다고 해서 다른 수모를 착용하거나 수모 없이 수영을 하는 경우 실격 처리될 수도 있으니 주의하세요.

2 수영 → 사이클 전환 구간 (T1 구간) 규칙

수영이 끝나면 바꿈터로 입장하여 사이클 종목으로 전환합니다. 이곳 바꿈터가 바로 사이클 종목과 러닝 종목 장비를 포함한 대회 전반에 걸

처 필요한 장비들을 보관하는 곳입니다. 이렇게 트라이애슬론 종목 사이에 전환하는 것을 영어로 "트랜지션"(Transition)이라고 하는데 수영에서 사이클로 전환하는 것은 "Transition 1". 줄여서 "T1"이라고 합니다. 바로 첫 번째 전환이라는 뜻이죠. 이 전환 구간에서의 시간을 최대한 단축하는 것이 좋은 기록을 내는 데 큰 도움이 됩니다. 하지만 T1에서도 지켜야 할 규칙이 있습니다. 아래 규칙들을 어길 경우 페널티 부과로 인해 시간 벌칙을 받을 수도 있으니 주의하시기 바랍니다.

- 수영을 마친 뒤 보온복, 수모, 수경 등 수영 장비는 반드시 지정된 물품 바구니 또는 드롭백 안에 보관하여야 한다.
- 자전거는 사이클용 헬멧 착용을 완료한 뒤 자전거 걸이대에서 내릴 수 있다.
- 바꿈터 내에서는 자전거를 탈 수 없으며 자전거를 밀거나 끌면서 걷거나 뛰어서 이동할 수 있다.
- 레이스 벨트를 사용하는 경우 선수 배번표는 등에 오도록 한다.
- 바꿈터 내에서는 바꿈터 심판의 지시에 따라야 한다.

TIP 첫 대회라서 할 수 있었던 가장 느린 전환

필요한 장비만 갖추어 참가하였던 첫 대회에서 정말 쉬엄쉬엄 사이클 준비를 한 기억이 납니다. 수영장 수영복과 해외 ebay에서 캐나다인으로부터 구매한 웨트슈트를 입고 수영을 마친 저는 바꿈터에서 생수로 얼굴을 씻어내고 수건으로 몸의 물기를 닦아낸 뒤 종아리까지 감싸주는 스타킹 삭스에 하의는 엉덩이 패드가 달린 반바지, 상의는 사이클용 저지까지 갖춰 입은 뒤에야 바꿈터를 빠져나왔습니다. 주변을 둘러보니 종목별로 완전히 옷을 갈아입는 사람은 저 밖에 없더군요. 다들 트라이애슬론 경기복을 입고 있었습니다. 경기복은 물에 젖어도 늘어지는 것 없이 빠르게 마르고 적당한 엉덩이 패드가 달려있으며 달리기에도 적합한 소재와 구조로 되어 있거든요. 첫 대회가 끝난 뒤 저는 곧장 트라이애슬론 경기복을 검색하였답니다.

3 트라이애슬론 사이클 :: 주요 규칙 및 Q&A

수영 종목을 끝내고 나면 이제 사이클 종목을 시작해야 합니다. 사이클 종목을 시작할 때, 가장 중요한 것은 바꿈터를 빠져나와 자전거 승차 지점을 지난 뒤 자전거에 탑승해야 하고, 사이클 종목을 마친 뒤에는 자전거 하차 지점 이전에 자전거에서 하차하여야 하는 것입니다. 이번에는 트라이애슬론 대회 사이클 종목의 주요 경기 규칙과 많은 분들이 궁금해하는 내용을 알아보겠습니다.

Q1 자전거는 대회장에서 빌려주나요?

A1 대회장에서 따로 자전거를 빌려주지는 않으며 모든 선수들은 개인 자전거로 대회에 참가하여야 합니다. 철인에 도전하는 분들이라면 내 몸에 맞는 자전거를 한 대씩 장만하여 평소 훈련도 하고 대회에서도 사용하는 것이 좋습니다.

Q2 MTB나 하이브리드 자전거로도 참가가 가능한가요?

A2 원칙적으로는 트라이애슬론 바이크 혹은 로드 바이크만 참가가 가능합니다. 하지만 대회에 따라 MTB나 하이브리드 자전거로도 참가가 가능한 대회도 있습니다. "XTERRA"라는 브랜드에서 주최하는 크로스 트라이애슬론 대회의 경우에는 MTB로만 참가할 수 있습니다.

Q3 대회 사진을 보면 다들 비싼 자전거만 있어요, 저렴한 자전거도 참가가 가능한가요?

A3 기본적으로 로드 바이크라면 철인3종경기에 참가할 수 있습니다. 그러니 처음부터 비싼 자전거를 살 필요는 없습니다. 대회 규정에 맞는 자전거라면 가격과는 상관없이 누구나 참가할 수 있으니 내 몸에 맞는 자전거를 고르는 것이 중요합니다.

Q4 대회 전 사이클 검차는 의무사항입니다.

A4 사이클 검차란 대회에 참가하는 자전거의 상태를 미리 점검하고 이상이 없음을 확인하는 절차를 말합니다. 통상적으로 대회 전날 검차를 진행하며, 이때 자전거뿐만 아니라 헬멧도 같이 검사를 합니다. 헬멧은 내부 또는 외부에 깨짐이 있는지 여부를 확인하며 돌발 상황 시 충격 흡수 가능 여부를 확인합니다. 자전거 검차도 동일하게 대부분 안전에 관련된 항목을 체크합니다. 핸들이 흔들리지는 않는지, 브레이크 제동은 잘 작동하는지, 안장은 잘 고정되어 있는지, 바퀴가 잘 고정되어 있는지 등을 확인하며, 검차 통과 시 검차 완료 스티커를 자전거에 부착시켜 주고 이 검차 완료 스티커가 부착된 자전거만 바꿈터 내에 거치하고 대회에 참가할 수 있습니다.

Q5 동호인부는 사이클 종목에서 드래프팅이 허용되지 않습니다.

A5 혹시 "뚜르 드 프랑스"와 같은 사이클 대회의 영상을 본 적이 있으신가요? 거대한 사이클 무리가 마치 한 몸이 된 것 마냥 빽빽하게 뭉쳐서 함께 이동하

는 모습을 보실 수 있을 것입니다. 이처럼 무리지어 이동하는 이유는 앞 선수의 뒤를 바짝 붙어서 라이딩 함으로써 공기저항을 줄이고 이를 통해 에너지 소모를 줄이기 위함입니다. 이렇게 앞 선수의 뒤에 붙어서 이동하는 것을 "드래프팅"(뒤따르기)이라고 합니다. 하지만 트라이애슬론 사이클 종목에서는 대부분 드래프팅을 허용하지 않습니다. 앞 선수와 가까이 붙어서 이동하는 만큼 자칫 인명사고가 발생할 수 있는 위험이 매우 크기 때문에 드래프팅을 금지하고 있습니다. 다만 일부 트라이애슬론 프로경기나 예외적인 대회 조건에 따라 동호인에게도 드래프팅이 허용되는 경우가 있습니다.

다른 사람을 추월하는 경우에는 추월하는 사람은 물론이고 추월당한 사람도 지속적으로 뒤로 물러나서 추월한 선수의 드래프팅 구간에서 벗어나야 합니다. 드래프팅 구간은 자전거 앞바퀴의 가장 앞부분으로부터 길이 10~12m에 해당하는 구간을 의미합니다.

그리고 진정한 철인으로 거듭나기 위해서는 본인 스스로의 힘으로 모든 종목을 소화해야 할 것입니다. 여러분들도 스스로의 힘으로 완주하는 당당한 철인이 되면 좋겠습니다.

Q6 바꿈터 주변 및 반환점, 커브구간에서는 앞지르기가 금지입니다.

A6 선수들의 안전을 위한 룰입니다. 실제로 대회 중 발생하는 대부분의 사고는 사이클 종목에서 많이 발생합니다. 반환점 구간에서 자신의 속력을 줄이지 못해 그대로 벽에 부딪히거나 미끄러져 넘어지는 경우가 많습니다.

그리고 대부분 대회들의 사이클 코스는 동일한 코스를 3~4바퀴 돌고 마지막 바퀴에는 반환점에서 반환(U턴)을 하지 않고 그대로 바꿈터로 직선 주행으로 이동합니다. 이때 U턴을 하는 선수와 U턴을 하지 않고 바꿈터로 직진하는 선수 사이에서, U턴을 하는 선수가 바깥쪽에서 크게 U턴을 할 때 속력을 줄이지 않고 바꿈터로 직진 주행하는 선수와 심하게 부딪치는 경우가 많습니다.

4 ⬛ 사이클 → 러닝 전환 구간 (T2 구간) 규칙

사이클 규정 구간을 모두 끝마치면 다시 바꿈터로 돌아옵니다. 이때 사이클 하차 지점 이전에 한 발이 완전히 지면에 닿은 뒤에 사이클에서 내려야 합니다. 만약 하차 지점 이후에 사이클에서 내리는 경우에는 실격처리가 됩니다.

자전거를 끌거나 밀어서 바꿈터로 다시 들어가는데, 수영에서 사이클로 전환하는 것을 T1이라 했다면, 사이클에서 러닝으로 전환하는 것은 "Transition 2", 줄여서 "T2"라고 합니다. T2 구간에서 자전거를 거치대에 거치하기 전에 헬멧을 벗는 것은 물론이고 헬멧 턱 끈을 푸는 것 또한 금지입니다. 반드시 자전거를 거치대에 거치한 뒤에 러닝으로 전환해야 한다는 것을 명심하도록 합니다.

그리고 사이클을 시작하면서 등 뒤에 놓았던 배번호는 다시 몸 앞쪽으로 돌려서 위치하도록 합니다.

5 ⬛ 트라이애슬론 :: 러닝 주요 규칙 및 Q&A

Q1 달리기에 완주할 자신이 없는데, 걸어도 괜찮은가요?

A1 달리기 종목에서 꼭 모든 구간을 달리지 않아도 괜찮습니다. 걸어서라도 이동할 수 있으며 컷오프 시간 이내에 완주하기만 하면 됩니다. 그리고 대회 규정에 따라 상의를 탈의한 채로는 달릴 수 없도록 하는 경우가 많으니 아무리 덥더라도 지퍼는 내릴지언정 상의는 탈의하지 마세요.

Q2 자신의 힘으로만 뛰어야 합니다!

A2 달리기 종목에서는 페널티를 받는 경우는 거의 없습니다. 하지만 가장 쉽게 범할 수 있는 실수로는 주최 측에서 제공하지 않는 음식을 섭취하는 경우가 있습니다. 선수들을 응원하기 위해 주로에 나온 가족, 친구들이 주는 음식이나 음료 등을 경기 중에 먹는 것은 원칙상 규정 위반입니다. 하지만 이러한 보급에 대하여 어느 정도 암묵적으로 허용하는 분위기도 있기는 합니다.

Q3 대회에 참가하지 않은 클럽 멤버가 페이스메이커 역할을 해준다고 하는데 괜찮은가요?

A3 경기에 참가하지 않은 다른 선수나 같은 팀 멤버 또는 매니저 등이 페이스메이커가 되어 코스상이나 코스 옆에서 동반하여 달리는 것은 허용되지 않습니다. 페이스메이커를 통하여 선수 본인의 최대 기량을 넘어선 기록이 나올 수도 있기 때문입니다.

기타 달리기 종목 운영 규칙

- 배번을 착용해야 하며, 배번은 반드시 몸의 앞부분에 위치해 있어야 한다.
- 사이클 헬멧을 쓰고 달릴 수 없다.
- 귀를 덮거나 귀에 삽입되는 이어폰이나 헤드폰, 귀마개 등을 사용할 수 없다.
- 커브를 돌 때 기둥, 나무나 다른 고정 물체를 사용해서는 안 된다.
- 달리기 구간에서 의도적으로 다른 선수의 진로를 방해하거나 밀치는 등 위해를 가하는 경우 실격 처리된다.

지금까지 트라이애슬론 각 종목별 주요 규칙과 궁금한 사항, 바꿈터에서의 규칙을 알아보았습니다. 설명 드린 규칙들은 대부분의 대회에서 보편적으로 적용되기에 최소한 이정도 규칙은 숙지하고 대회에 참가하여야 합니다. 한편 대회에 따라 세부적인 규칙(수영 출발 방식, 사이클 드래프팅 허용 여부, 컷오프 타임 등)은 조금씩 차이가 있을 수 있으니 여러분이 참가하는 대회의 세부 규칙은 대회 운영규정, 규칙 요강 등으로 확인하는 자세가 필요합니다. 대회 참가에 앞서 규정과 규칙들만 잘 살피더라도 안전하고 성공적으로 대회를 완주할 수 있습니다.

SWIM >

CYCLE >>

RUN >>>

TRIATHLON BIBLE

02

Transition 1

실전! 트라이애슬론

CHAPTER 01 트라이애슬론: 수영

이제 본격적으로 트라이애슬론의 각 종목을 파헤쳐 보겠습니다. 트라이애슬론의 출발을 수영으로 시작하는 만큼 먼저 수영을 알아보겠습니다. 이 책을 읽는 여러분은 실제 대회 준비를 한다는 기분으로 편하게 따라오시면 됩니다. 준비되셨나요? 그럼 시작합니다!

1 수영 장비

수영 종목은 많은 장비가 필요하진 않지만 어떤 장비를 사용하느냐에 따라 경기에 많은 영향을 미칠 수 있습니다. 가령 수경에 물이 새어 들어오는 경우 대회 기록뿐만 아니라 선수의 심리 상태에 커다란 영향을 주기 때문에 여차하면 대회 포기에 이를 수도 있습니다. 또한 수온이 낮은 환경에서 적절한 보온장비를 갖추지 않는 경우 저체온증을 유발할 수 있고 보온복의 부력이 떨어진다면 생명에 위협을 줄 수도 있습니다. 이처럼 수영 장비는 단순하지만 첫 시작인 만큼 대회 전반에 걸쳐 선수의 심리 및 컨디션에 큰 영향을 미칠 수 있으므로 신중히 선택하여야 합니다.

하지만 그렇다고 해서 반드시 비싼 고가의 제품을 고르라는 것은 아닙니다. 제 기능에 충실하고 나에게 잘 맞는 장비라면 저렴한 비용으로도 충분히 대회에 참가할만한 장비를 준비할 수 있습니다.

▌수경

수영에 있어서 가장 기본적이고 중요한 장비는 역시 수경입니다. 수경을 고를 때는 다음 사항들을 고려하여야 합니다.

- 나의 얼굴에 밀착되어 물이 새어 들어오는 공간은 없으며 착용감이 편안한가?
- 넓고 밝은 시야를 확보할 수 있는가?

수경은 작은 움직임에도 뒤틀리거나 틈이 발생하지 않고 얼굴에 밀착이 잘 되는 것을 고르도록 합니다. 또한 오픈 워터 환경을 고려하면 수경 렌즈에 미러 코팅이 강하게 되어 있거나 어두운 렌즈보다는 적당한 강도의 미러 코팅 또는 밝고 투명한 수경이 시야 확보에 좋습니다.

혹시 스노클이나 스쿠버다이빙 때 사용하는 마스크 형태의 수경도 떠올리셨나요? 코를 막는 마스크 타입의 수경은 대회에는 적합하지 않으며 약한 충격에도 벗겨지기 쉬우니 사용하지 않는 것이 좋습니다.

안경을 착용하는 분들의 경우에는 두 가지 방법이 있습니다. 첫 번째로는 일회용 콘택트렌즈를 사용하여 일반 수경을 쓰고 경기를 진행하는 방법이 있습니다. 하지만 바다나 강 혹은 호수와 같은 곳에서 수영을 해야 하는 점을 고려하면 이러한 방법은 눈 건강에 좋지 않으므로 추천해 드리고 싶지는 않습니다.

두 번째로는 도수가 있는 수경을 사용하는 방법이 있습니다. 각종 수경 브랜드에서는 시력에 맞게 디옵터를 구분하여 좌, 우 낱개로 도수 수경 알을 판매하고 있습니다. 안경원을 통해 본인의 시력을 확인하고 자신의 시력에 맞게 렌즈를 구입하여 조립하여 사용하면 됩니다.

▌수모와 각종 보온장비(후드, 장갑, 버선 등)

트라이애슬론 대회에서는 반드시 대회본부에서 제공한 수모를 착용하여야 합니다. 그 이유는 앞에서 말씀드렸죠? 수모의 색으로 그룹을 구분하고 출발 순서를 결정하기 때문입니다. 그리고 대회에 따라서는 개인별 배번이 찍힌 수모를 지급하기도 합니다.

만약 수온이 낮은 환경에서 수영을 해야 하는 경우에는 여분의 수모를 준비해서 대회용 수모 안에 하나 더 착용하여 머리와 귀를 덮어줌으로써 보온 효과를 높일 수 있습니다.

날씨가 매우 추운 경우에는 머리의 보온을 위한 후드, 수영용 장갑 및 양말 등도 있으니 혹독한 환경에서 대회를 치러야 하는 경우에는 미리 준비하도록 합니다.

▌보온복(웨트슈트)

오랫동안 수영을 해온 분들에게도 다소 생소한 아이템이 바로 보온복(웨트슈트)입니다. 하지만 트라이애슬론 수영에 있어서 가장 중요한 장비가 바로 이 웨트슈트이기에 선수들은 해당 장비를 잘 이해하고 준비하여야 합니다.

대부분의 대회에서 동호인부 선수들은 웨트슈트를 착용하여 수영 경기를 치릅니다. 따라서 웨트슈트는 최소 하나 정도는 갖추어둬야 합니다.

웨트슈트는 다소 타이트하게 착용하기에 목젖 아랫부분과 가슴 압박으로 인해 호흡 시 불편한 느낌이 들 수 있습니다. 그래서 웨트슈트를 입고 수영하는 것에는 꽤 오랜 기간 적응이 필요합니다. 그리고 웨트슈트는 착용하고 팔을 저을 때 불편함이 없는 것을 고르도록 합니다. 자신의 신체 사이즈에 딱 맞는 슈트를 입어보면 너무 작게 느껴질 수 있는데, 만약 여러분의 신체 사이즈가 웨트슈트 브랜드가 추천하는 제품 사이즈 사이에 중첩될 경우에는 한 치수 더 큰 제품을 사용하는 것을 추천합니다.

웨트슈트의 가격은 10만 원대부터 100만 원이 넘는 가격대까지 그 범위가 넓지만 비싼 웨트슈트가 반드시 더 좋고 기록에 도움이 된다고는 할 수 없습니다. 동일한 웨트슈트를 착용해도 선수에 따라 기록이 좋아지기도 하고 오히려 나빠지기도 하기 때문입니다. 본인에게 잘 맞고 편안한 웨트슈트를 찾는 것이 더 중요합니다.

Orca(오르카), ROKA(로카), TYR, Quintana Roo, blueseventy, 2XU, Zoot 등 수많은 브랜드가 웨트슈트를 제작하고 있습니다. 여러 매체에서 브랜드별 웨트슈트에 대한 성능실험을 진행하였지만, 매체별로 결과가 상이한 것을 보면 각 브랜드가 주장하는 웨트슈트의 성능에 대한 홍보는 어느 정도 참고만 하면 좋을 것 같습니다. 이러한 미세한 효과들은 1분 1초를 다투는 프로 선수들에게는 중요한 영향을 끼칠 수도 있겠지만 일반 동호인부에서는 그 차이를 느끼기 힘들다는 점을 고려하면 웨트슈트 선택 시 꼭 비싼 제품을 구매할 필요는 없다 할 수 있겠습니다. 실제로 웨트슈트는 슈트 자체의 성능보다는 자신의 몸에 잘 맞는 것이 중요합니다.

TIP 트라이애슬론 웨트슈트 고르기

- **나에게 딱 맞는 웨트슈트**
  웨트슈트가 마치 자신의 또 다른 피부와 같이 느껴져서 빈 공간이 없이 자신의 피부 모든 부위에 달라붙어 슈트 내부에 물이 침투할 수 없을 정도의 공간을 가져야 합니다. 또한 손과 발을 움직이는 데 불편함이 없어야 합니다.
- **꼭 트라이애슬론용 웨트슈트를 입어야 하나요?**
  트라이애슬론 대회 사진들을 보면 멋진 전신 슈트를 입고 있는 사진을 볼 수 있습니다. 하지만 이 전신 슈트에도 다양한 종류가 있습니다. 트라이애슬론용, 서핑용, 스쿠버다이빙용 등 쓰임새에 따라 다양한 종류가 있으며 이들은 원단 재질부터 재단 방법에 이르기까지 다양한 차이점이 있습니다. 만약 트라이애슬론 대회에서 서핑용 또는 다이빙용의 웨트슈트를 입고 참가할 경우 목적에 맞지 않는 슈트로 인해서 더 많은 에너지를 소모하게 될지도 모릅니다. 트라이애슬론 대회에 참가한다면 트라이애슬론용 웨트슈트를 선택하는 것이 좋습니다.

그렇다면 웨트슈트의 가격의 차별이 발생하는 이유에 대해서 궁금증이 생길 수 있습니다. 웨트슈트의 소재와 더불어 주요 기능과 이들에 대한 성능 개선이 웨트슈트 가격대에 차이를 만들어 낸다고 할 수 있습니다. 아래에서는 웨트슈트의 가격을 결정하는 주요 성능에 대해서 간단히 정리해 보겠습니다.

1) 부력

웨트슈트에 사용되는 고무는 기본적으로 수영장의 킥판과 같이 매우 큰 부력을 가지고 있습니다. 웨트슈트를 착용하면 물의 저항을 줄일 수 있고 수면으로 몸을 띄우기 위한 발차기 횟수도 줄일 수 있기에 에너지 소모를 아낄 수 있는 장점이 있습니다. 또한 수영 경기 중에 생길 수 있는 불안감도 웨트슈트의 부력 덕분에 어느 정도 낮출 수 있는 장점이 있습니다.

2) 보온

고무와 네오프렌 재질의 웨트슈트는 피부와 물이 직접 닿는 것을 방지해주고 체온을 유지하는 데 도움을 줍니다. 한 여름에 열리는 대회이더라도 수온은 생각보다 차가우며, 이 경우 수영 내내 호흡이 트이지 않아 완주하기 어려울 수도 있습니다. 웨트슈트의 보온 기능은 체온 유지와 더불어 안정적인 호흡에도 도움을 줍니다.

3) 물 저항

웨트슈트의 표면은 매끄러운 고무와 네오프렌 재질로 되어있습니다. 이러한 매끄러운 재질은 물과의 저항을 감소시켜 속력 향상에 도움을 줍니다. 네오프렌 원단의 경우 어떤 원재료를 이용하여 어떻게 만드느냐에 따라 무게, 저항력, 보온 효과, 유연성 등에 차이가 발생하며 이러한 원단과 제작 기술의 차이가 곧 가격의 차이에 반영됩니다. 네오프렌 원단은 일본의 야마모토(Yamamoto)社에서 만든 것이 유명합니다.

4) 유연성

고급 라인의 웨트슈트로 갈수록 신체 부위를 세부적으로 나누어 고무의 재질과 두께를 다르게 사용합니다. 가령 가장 많은 움직임이 필요로 하는 어깨는 제조업체마다 다르지만 1~3㎜의 두께로 제작하며, 많은 부력을 필요로 하는 엉덩이와 허벅지 부분은 5㎜ 두께로 제작하기도 합니다.

5) 전신 슈트(Full suit), 민소매 슈트(Sleeveless suit)

트라이애슬론용 웨트슈트는 크게 전신을 감싸주는 전신 슈트와 양팔 부분이 없는 민소매 슈트, 2가지 종류가 있습니다. 상/하의 분리형도 있지만 많이 사용하지는 않습니다. 대부분의 선수들은 부력 및 보온을 위하여 전신슈트를 선호합니다.

TIP 웨트슈트, 어떻게 입는 거지?

웨트슈트는 몸에 딱 맞게 입기 때문에 처음 착용할 때 쉽지 않을 수 있습니다. 저도 처음 웨트슈트를 입어볼 때 땀을 뻘뻘 흘리면서 겨우 착용했던 기억이 납니다. 웨트슈트를 입기 전에는 간단한 준비 사항이 있습니다. 웨트슈트를 수영복 혹은 래시가드처럼 생각하고 입다가는 비싼 웨트슈트가 망가질 수 있으니 아래 유의 사항을 확인 후 착용하도록 합시다.

- **슈트를 입기 전 손톱을 정리한다.**
  웨트슈트를 당기다가 손톱 때문에 찢어질 수 있습니다. 웨트슈트는 손톱이 아닌 손가락 살을 이용하여 잡아당겨야 합니다.
- **몸이 젖지 않은 상태로 시원한 공간에서 입는다.**
  몸이 젖어 있을 경우 웨트슈트가 피부에 들러붙어 입기가 매우 불편합니다. 그렇기에 땀이 최대한 나지 않는 시원한 환경에서 입는 것이 좋습니다. 혹은 아예 물속에서 착용하는 방법도 있습니다.
- **마법의 비닐봉지**
  아무리 손톱을 깎았다 하더라도 나도 모르게 손톱자국을 남길 수 있습니다. 그래서 저는 대회장에서 웨트슈트를 입을 때 비닐봉지를 애용합니다. 아마 저뿐만 아니라 많은 선수들이 바로 이 비닐봉지를 이용하지 않을까 생각됩니다. 웨트슈트가 손목과 발목의 얇은 부분을 통과 후 손과 발을 통과해야 하는데, 두꺼워진 부분에서 땀으로 인해 달라붙어 더 이상 잡아당겨지지 않을 때가 있습니다. 이를 대비해서 손과 발에 비닐봉지 또는 비닐장갑 등을 씌우고 슈트를 입어주면 몸에 달라붙지 않고 부드럽게 빠지게 됩니다. 이를 이용하면 훨씬 편하게 웨트슈트를 입을 수 있습니다.

웨트슈트, 어떻게 관리하지?

웨트슈트는 고가의 제품인 만큼 관리를 잘 해주어야 오랜 시간 성능 저하 없이 사용할 수 있습니다. 대회 또는 오픈 워터 수영이 끝난 후 흐르는 깨끗한 물로 웨트슈트 내부와 바깥쪽의 이물질을 깨끗이 씻어줍니다. 필요에 따라서는 욕조나 대야에 담가서 염분기와 이물질을 제거하기도 합니다. 충분히 헹구어 이물질을 제거한 뒤에는 옷걸이에 슈트를 걸어서 내부를 건조시킨 뒤 뒤집어서 외부를 말려줍니다.

건조가 끝난 웨트슈트를 보관할 때는 접어서 보관하기 보다는 그대로 옷걸이에 걸어서 직사광선을 피해 옷장에 걸어두는 것이 가장 좋습니다.

하지만 부득이하게 접어서 보관해야 할 경우에는 어깨, 팔꿈치, 무릎 등 관절부위를 중심으로 접어 직사광선을 피해서 보관하시면 됩니다. 접어서 보관할 때 웨트슈트 위에 다른 물건을 올려두면 슈트의 원단에 영향을 미칠 수 있으므로 다른 물건을 올리시면 안 됩니다. 그리고 접어서 보관하는 경우 접히는 부분에 주름이 생기거나 슈트 등 부분에 있는 지퍼에 의해 눌린 자국이 남을 수 있습니다. 이를 방지하기 위해서 얇은 스펀지를 사이사이에 깔아두는 방법도 있습니다.

선 블록 크림(Sunblock cream)

가급적이면 피부 보호를 위해서 선크림을 꼼꼼히 바르는 것이 좋습니다. 워터 프루프(Water proof) 기능이 있는 스포츠용 햇빛 차단제를 발라주면 수영 종목을 마치고 나서도 자외선 차단 효과를 지속할 수 있습니다. 하지만 얼굴 전체에 햇빛 차단제를 바를 경우 수경 안에 물이 들어가거나 땀이 흐를 때 선크림이 녹으면서 눈에 들어가는 불상사가 생길 수 있으니, 이마와 눈 주위는 제외하고 바르도록 합니다. 수영을 할 때는 수모가, 사이클 시에는 헬멧과 고글, 러닝 시에는 모자가 이마와 눈 부근의 햇빛을 가려주기 때문입니다. 얼굴뿐만 아니라 팔, 다리, 목덜미에도 햇빛 차단제를 듬뿍 발라주고 웨트슈트를 입는 것이 좋습니다.

윤활제(바디 글라이드, 바셀린)

윤활제는 수영 중 웨트슈트와 피부의 마찰로 쓸릴 수 있는 부위에 발라줍니다. 윤활제로 부드럽게 만들어주어야 살이 쓸리는 부상을 피할 수 있습니다. 양 팔목과 발목에 윤활제를 듬뿍 발라주면 수영이 끝난 후 웨트슈트를 벗을 때도 도움이 됩니다. 그리고 특히 목덜미에 윤활제를 듬뿍 발라주는 것이 좋고 겨드랑이와 사타구니처럼 살이 쓸리는 부분에도 발라주는 것이 좋습니다. 대표적인 윤활제 제품으로는 "바디 글라이드"가 있으며 간단한 대체품으로는 약국에서 구입할 수 있는 바셀린이 있습니다. 피부가 쓸리는 그 고통은 이루 말할 수 없으니 반드시 윤활제를 구석구석 잘 바르도록 합시다.

▎ 안티 포그(김 서림 방지제)

수영을 진행하면서 본인과 부표의 위치, 그리고 골인 지점을 정확히 확인하는 것은 매우 중요합니다. 이를 위해서는 수경을 착용한 상태에서도 밝고 깨끗한 시야가 확보되어야 합니다. 수영을 하다보면 체온이 오르면서 수경에 김이 서리는 경우가 있는데 이를 예방하기 위해서 수경 렌즈 내부에 김 서림 방지제를 바릅니다. 수경용 김 서림 방지제는 쉽게 구매할 수 있으니 대회 전 반드시 챙기도록 합시다.

▎ 대회 기록칩

마라톤 대회의 경우 대부분 배번표에 기록 측정용 센서가 부착되어 있습니다. 하지만 트라이애슬론 대회에서는 발목에 감아서 부착하는 대회 기록칩을 착용합니다. 수영 시작 전에는 가능한 해당 칩이 웨트슈트 발목 안으로 들어가도록 하여 잘 고정될 수 있도록 해주고, 수영이 끝난 후 바꿈터에서 웨트슈트를 벗으면서 대회칩도 함께 벗겨지지 않도록 주의해야 합니다. 혹시라도 대회 칩이 사라지면 소중한 기록을 남길 수 없으니 확인 또 확인하시기 바랍니다.

수영에서 신경 써야 할 부분은 크게 3가지로 나눌 수 있습니다. 첫 번째는 호흡, 두 번째는 크롤링(손 젓기), 마지막으로 킥(발차기)입니다.

트라이애슬론 수영을 무사히 완주하기 위해서 꼭 필요한 요소 중 하나가 바로 편안한 호흡입니다. 호흡은 근육에 산소를 공급하고 몸에 부력을 만들어 줍니다. 사람의 몸은 호흡에 따라 물에 뜨기도 하고 가라앉기도 합니다. 만약 호흡이 제대로 안 된다면, 즉 폐 속에 충분한 공기가 없다면 우리 몸은 점점 가라앉게 됩니다. 따라서 수영에 익숙하지 않으신 분들께서는 호흡에 가장 많은 집중과 연습을 한 뒤, 크롤링과 킥 연습을 함께 진행하는 것을 추천합니다.

호흡을 가다듬자!

대회 날 아침은 유난히 긴장됩니다. 설렘과 긴장이 공존하는 환경은 때로는 마음을 불안하게 하기도 합니다. 특히 첫 종목인 수영은 베테랑 선수들에게도 늘 긴장감을 줍니다. 이 불안한 마음을 가다듬는데 가장 중요한 것이 바로 "호흡"입니다. 그리고 수영 종목을 성공적으로 완주하기 위해서도 호흡이 가장 중요합니다. 긴장감을 완화할 수 있도록 적절히 심호흡을 해주며 출발 전 이미지 트레이닝을 통해 긴장감을 줄이도록 합시다.

게으르게 수영하라!

트라이애슬론 올림픽 코스의 수영 거리는 1,500m입니다. 1,500m가 넘는 장거리 수영에서 필요한 것은 "힘"보다는 "스태미나"입니다. 힘은 헬스장에서도 근육을 단련하여 기를 수 있지만 스태미나는 장거리 수영을 직접 해야만 기를 수 있습니다. 천천히라도 직접 장거리 수영을 하며

'쉬지 않고 이 정도 수영이 가능하구나!'라는 심리적인 안정감과 자신감을 얻는 것이 상당히 중요합니다. 느리더라도 할 수 있는 한 끝까지, 쉬지 않고 얼마나 수영을 할 수 있는지 미리 점검합시다.

▌트라이애슬론 수영은 심리전이다!

수영장과 오픈 워터에서의 수영의 가장 큰 차이점은 무엇일까요? 호수, 강, 바다… 오픈 워터는 실내 수영장과 달리 바닥이 보이지 않습니다. 대회 코스를 알려주는 레인도 얇은 줄로 되어 있거나 해외 대회처럼 레인이 없는 경우도 있습니다. 바닥은 물론이고 손을 저으며 내뻗는 내 손도 잘 보이지 않기에 실내 수영장에서 바닥을 보며 직진하던 상황과는 매우 다릅니다. 내 몸이 어디로 가고 있는지 방향을 잡아 줄 기준점을 확인하기가 어렵기에 좌우로 비틀거리며 방향감각을 상실하게 되고 체력 소모도 더 많습니다.

한편 체력 소모나 방향 감각 상실보다도 무서운 것이 "두려움"입니다. '이 아무것도 보이지 않는 새카만 물 아래에 뭐가 있지?', '내가 만약 힘이 빠지게 된다면 어쩌지?' 등등 수많은 생각이 떠오르다가 왠지 이 암흑덩어리가 날 빨아들일 것 같은 느낌이 들거든요. 이런 두려움에 부딪히게 되면 심리적인 위축과 더불어 숨이 가빠지며 호흡이 잘 되지 않습니다. 따라서 대회의 첫 단추를 잘 끼우기 위해서는 오픈 워터 수영에 대한 사전 훈련과 이미지 트레이닝이 매우 중요합니다. 하지만 여건상 오픈 워터 수영이 쉽지 않다면 실내 풀장에서라도 이미지 트레이닝으로 오픈 워터의 감각을 느껴보고자 노력해야 합니다.

TIP 잊지 못할 첫 대회 첫 수영의 기억

저 또한 여전히 가장 무섭고 힘든 종목이 수영입니다. 오픈 워터에 대한 공포증은 어느 정도 극복했지만, 그래도 대회 중 돌발적으로 발생하는 작은 사건들이 항상 긴장되게 하거든요. 제가 처음 참가했던 대회의 기억은 아직까지도 생생합니다. 수영은 어릴 때부터 접해왔고 대학생 때도 새벽 수영을 다니면서 자신 있다고 생각했습니다. 오픈 워터에 대한 경험은 없었지만 물속에서 하는 것이니깐 실내 수영장과 별반 다르지 않겠거니 쉽게 생각하였습니다.

대회의 시작을 알리는 호각소리와 함께 자신 있게 입수한 그 순간부터 무언가 잘못되었다는 것을 깨달았습니다. 한강 물속은 황색으로 뒤덮여져 있었고 수면 아래는 시커멓게 아무것도 보이지 않았습니다. 수면은 조금이나마 시야가 확보되었는데 그마저도 손을 뻗으면 제 손목 위로 있어야 할 손등과 손가락은 거의 보이지 않았습니다.

오픈 워터의 첫 충격에 뒤이어 앞 선수의 강한 발차기에 얼굴을 얻어맞기도 하였고 뒤에서는 제 다리를 잡아당기거나 제 몸 위에 올라타는 사람들도 있었습니다. 저도 무서워서 더 빠르게 팔다리를 젓다 보니 어느새 호흡이 가빠지고 물도 많이 마셨습니다. 결국 패닉 상태에 빠진 저는 레인을 붙잡고 휴식을 취하면서 갈 수밖에 없었습니다.

트라이애슬론 입문에 주저하게 되는 많은 이유 중 하나는 바로 수영이라는 종목 때문이 아닐까 생각합니다. 실제로 제 주위에서도 사이클이나 러닝을 매우 잘하시는 분들도 수영 때문에 트라이애슬론에 도전하기 주저하는 것을 꽤 볼 수 있었습니다. 마라톤과 사이클은 어떻게든 완주해볼 수 있겠지만 수영은 하는 법을 모르면 완주 자체가 불가능하기 때문이죠. 수영을 못하는 사람뿐만 아니라, 수영은 곧잘 하더라도 오픈 워터에서 수영을 해본 경험이 없으신 분들도 걱정을 하시거든요. 그래도 어느 정도 운동 감각이 있다면 자유형 강습을 집중적으로 받을 경우 최소 2개월이면 어느 정도 자유형을 편하게 할 수 있으리라 생각합니다.

트라이애슬론 대회에 참가하기 위해서는 최소 자유형 100m 정도는 쉬지 않고 문제없이 수영할 수 있는 실력이 되어야 합니다. 100m라고 쉽게 생각할 수 있지만 호흡, 손 젓기, 발차기 등 기초 중의 기초가 준비되지 않는다면 100m도 편안하게 수영하기 어렵습니다. 트라이애슬론을 하고 싶지만 수영을 배운 적이 없다면 수영에 가장 많은 시간을 할애해서 대회 준비를 해야 합니다. 세 종목 중 가장 위험한 종목이며 생명과 관련된 사고율도 가장 높습니다. 그렇기 때문에 충분한 기초를 다질 수 있도록 해야 합니다.

자세 밸런스 훈련

우선 정확하고 안전한 수영을 위해서는 물속에서도 안정적인 밸런스 유지가 필요합니다.

1) 직진으로 반듯하게 이동하기

트라이애슬론 수영에서는 목표로 설정한 방향을 향해서 정확히 수영할 수 있어야 합니다. 정확한 방향으로 가기 위해서는 스트로크 시 직진으로 간다는 생각과 동시에 몸의 무게중심이 한쪽으로 치우치는 것을 방지해야 합니다. 무게중심이 한쪽으로 치우친다는 말은 몸이 좌, 우로 균형 있게 롤링되는 것이 아니라 한쪽 방향으로 쏠리는 것을 의미합니다. 한쪽으로 몸이 쏠리는 경우 진행 방향도 몸이 기울어진 쪽으로 향하게 되어 결국 설정한 방향으로 가지 못하게 됩니다.

두 번째로는 양쪽 어깨에서 발 아래로 확장된 가상의 일직선을 따라 팔과 손으로 물을 당겨야 합니다. 물잡기(catch)를 하면서 손이 몸의 중심선을 침범하거나 손바닥이 배꼽이나 허벅지 위를 지나가는 것이 아닌, 양 허벅지 옆선을 따라 그대로 평행하게 내려오면서 물을 당겨줍니다.

내가 직선으로 똑바로 가고 있는지 쉽게 알아보기 위해서는 수면에서의 호흡 횟수를 줄여서 수영을 해보면 알 수 있습니다. 보통 매 스트로크마다 호흡을 하게 되면서 몸의 롤링이 발생하게 되고 이때 발생하는 회전에 의해서 신체 밸런스를 제대로 느끼기가 어렵습니다. 만약 1스트로크마다 호흡하던 것을 2~3스트로크마다 호흡하는 것으로 바꾸어보면 머리가 수면 아래 고정된 상태에서 자신의 몸이 어느 방향으로 움직이는지를 깨닫고 방향을 수정할 수 있습니다.

그리고 눈을 감고 수영을 해보는 방법이 있습니다. 실내 수영장에는 바닥의 선과 레인이 있어 무의식중에라도 그 선을 따라 방향을 수정하게 되는데, 눈을 감고 5~6스트로크를 한 뒤 눈을 떠보면 자신이 어느 방향으로 가고 있는지 쉽게 알 수 있습니다.

2) 수면과 평행한 몸 만들기

수영에서 에너지 낭비를 줄이고 빠르게 이동하기 위해서는 물의 저항을 최소화하는 것이 중요합니다. 그러기 위해서는 물 표면과 내 몸이 수평으로 유지되어야 합니다. 물속에서 걸을 때는 많은 저항이 생겨 더 큰 힘을 사용해야 하지만 수면에 떠 있을 때는 훨씬 편하다는 것을 떠올리면 되겠습니다.

우선 수면과 평행한 상태가 어떤 느낌인지 알아볼까요? 발목 또는 허벅지 사이에 킥판이나 풀부이(Pull Buoy) 등 부력을 주는 장비를 고정시키면 자연스레 하체가 떠오르게 됩니다. 이때 수영을 하기 위해서는 허리 근육에 다소 힘이 들어갑니다. 이렇게 부력 장비를 착용하고 수영을 하는 것과 비슷한 느낌을 부력 장비 없이 킥을 차면서도 느낄 수 있다면 물의 저항을 최소화할 수 있는 기본자세가 만들어진 것이라 할 수 있습니다. 쉽게 말하면 '가슴은 누르고, 엉덩이는 띄운다'라는 느낌을 유지하면 됩니다.

초보자들의 자유형 모습을 보면 팔은 젓고 있지만 다리는 보이지 않는 경우가 많습니다. 본인은 발차기를 열심히 하는데 앞으로 나아가지 않는다는 이야기를 하는 분들의 모습을 보면 대부분 발이 수면 아래에서 움직이고 있습니다. 숨은 쉬어야 하니 상체는 수면 밖으로 나와 있고 자연스레 하체는 수면 아래에 잠겨 있게 되는 거죠. 이렇게 되면 물의 저항을 훨씬 많이 받게 되므로 속력이 나지 않게 됩니다.

자유형에서 유념해야 할 사항은 무게 중심을 '가슴 앞쪽'에 둔다는 것입니다. 가슴 앞쪽에 무게 중심을 두고 의식적으로 아래로 누르면 하체는 자연스레 떠오르게 됩니다. 그러면 몸은 수면과 평행하게 되고 물의 저항은 덜 받으며 발차기는 자연스레 수면에서 이루어집니다.

3) 머리는 수면 밖으로 나올 필요가 없다

아무래도 물속에 있을 때 가장 걱정되는 부분은 호흡이 아닐까 생각됩니다. 사람이라면 당연히 숨을 쉬어야 하는데 숨 쉴 수 있는 공간이 확보되지 않는다는 것은 큰 패닉을 주기 때문이죠. 종종 호흡 걱정에 머리가 수면 밖으로 나온 채로 수영하는 경우가 있습니다. 하지만 앞서 설명한 것처럼 몸이 수면과 평행을 이룬 상태에서 스트로크를 하면서 몸에 롤링이 발생하게 되면 고개도 자연스레 따라 돌면서 호흡도 가능해집니다. 머리를 수면 밖으로 내밀고 있거나 정면을 응시하면서 수영하는 경우 오히려 저항이 강해져 앞으로 나아가기 힘들어지니 머리는 수면과 평행 혹은 아래에서 전방 45도를 응시하며 나아가는 것이 좋습니다.

▌호흡 훈련

1) 오픈 워터에서의 호흡 방법

수영장에서 나 홀로 수영을 해본 경험이 있으신가요? 수면이 잔잔한 실내 수영장에서는 얼굴과 수면이 매우 가까운 지점에서 호흡을 하게 됩니다. 즉 수면 밖으로는 고글 한쪽만 밖으로 나올 정도의 위치에서 호흡을 하는 것도 문제없는 것이죠. 호흡을 위해 고개를 일부러 밖으로 꺼낼 필요가 없기에 에너지를 아낄 수 있고 물의 저항도 최소화할 수 있는 좋은 방법입니다. 다만 오픈 워터에서는 실내 수영장처럼 수면이 고르지 못합니다. 아주 거친 환경에서 수영을 해야 하는 것이죠. 만약 수영장에서 평소 하던 호흡대로 오픈 워터에서도 호흡을 한다면 입 안은 물로 가득찰 것입니다.

대회장에서는 주변 선수들의 헤엄에 따라 엄청난 물보라와 물살이 만들어지고 특히 바다에서는 파도와 너울을 헤치고 나아가야 합니다. 따라서 고개는 최소한으로 들어 올리되, 고개를 돌려 자신의 어깨를 바라본다는 느낌으로 살짝 뒤쪽을 보며 호흡을 하면 정면에서 넘어오는 파도나 주변 물보라를 피하는 데 도움이 됩니다. 바닥에 시계가 있다고 떠올린 뒤 4시 방향으로 고개를 살짝 돌리고(왼쪽으로 호흡을 한다면 8시 방향) 시선은 리커버리 중인 손끝에 둔다면 어떤 느낌인지 이해되실 겁니다.

2) 양쪽 호흡 훈련

대회 중 프로 선수들이 호흡하는 모습을 유심히 보면 대부분 한쪽 방향으로만 숨을 쉽니다. 하지만 대회가 아닌 훈련 중에는 좌, 우 양쪽으로 번갈아 호흡하며 수영 훈련을 합니다. 그 이유는 한쪽 호흡으로만 연습할 경우에는 몸의 좌우 밸런스가 맞지 않고 몸의 균형이 한쪽으로 치우칠 수 있기 때문입니다.

처음은 어렵겠지만 트라이애슬론을 준비한다면 양쪽으로 호흡하는 방법도 익히는 것이 좋습니다. 대회 중 밀려오는 파도, 반환점 부표의 위치 확인, 해의 위치 확인 등 예상치 못한 상황으로 한쪽으로만 호흡하는 것이 쉽지 않을 수 있으니 이에 대비할 필요가 있습니다.

3) 저산소 훈련

트라이애슬론 대회에서는 입수와 동시에 주변 선수들과의 몸싸움, 마구 분출되는 아드레날린, 차가운 수온 등으로 인해 심박수가 급격히 올라가고 호흡이 가빠지면서 패닉이 발생할 수 있습니다. 그리고 심한 몸싸움 또는 헤드업(물 밖 정면을 응시하며 고개를 내미는) 이후 숨을 내뱉어 주는 것을 깜빡하게 되면 점점 호흡량이 줄어들고 산소공급을 못 받는 상황에서 저산소 상태에 빠지게 됩니다.

이런 상황을 대비하기 위해 수영장에서 저산소(hypoxic) 훈련을 해보는 것이 좋습니다. 이 훈련은 수영 시 호흡 횟수를 제한하여 실행할 수 있습니다. 가령 매 2번째 스트로크마다 호흡을 하던 것을 그 횟수를 줄여 4번째 혹은 6번째 스트로크마다 호흡하는 것입니다. 이때 양쪽으로 번갈아 호흡하면서 진행할 수도 있습니다. 이렇게 인위적으로 저산소 상태를 만들어서 훈련하면 극한 상황에서도 근육에 혈액과 산소를 공급할 수 있도록 심폐지구력을 강화할 수 있고 체내 산소를 보다 효율적으로 이용하도록 몸이 적응하게 됩니다.

▎프론트 크롤(Front Crawl)의 4단계: Catch, Pull, Exit, Recovery

자유형은 평영, 배영, 접영과 같은 수영 영법이 아니라는 것은 앞서 설명하였습니다. 자유형은 정말 말 그대로 '자유로운 형태'로 하는 수영을 의미합니다. 수많은 자유형 중에서 가장 많이 사용하는 것이 바로 우리가 일반적으로 알고 있는 자유형인데 이를 "프론트 크롤"(Front Crawl)이라고 합니다. 프론트 크롤은 총 4단계로 구간을 나눌 수 있습니다. 각 구간별로 어떤 메커니즘으로 진행되는지 살펴보겠습니다. 한 손은 자유형 팔젓기를 하면서 천천히 따라와보실까요?

1) 물 잡기(Catch)

물잡기란 손이 물속으로 들어가는 첫 번째 동작입니다.

물 잡기를 잘못하면 몸의 좌우 롤링이 크게 일어나고 하체는 틀어지면서 소위 "가위차기"라는 발차기를 하게 됩니다. 결국 직선 방향으로 나아갈 추진력을 잃게 되고, 보다 많은 힘을 들여가며 수영을 할 수밖에 없습니다.

따라서 물잡기를 할 때는 몸이 뒤척이지 않을 정도의 적당한 스트로크로 편하게 일직선으로 물을 당겨주시면 됩니다. 일직선으로 물을 당겨 최대한의 추진력을 얻는 것이죠. 그리고 손은 허벅지와 평행하게 일직선으로 내려옵니다. 이를 연습할 수 있는 방법으로는 한 손은 킥판을 잡고 나머지 한 손으로만 스트로크를 하는 방법이 있습니다. 킥판을 잡고 있으면 자연스레 좌우 롤링은 줄어들고, 이때 최대한 일직선으로 물을 당겨주는 것에 집중을 하면 됩니다.

2) 당기기(Pull)

물을 잡은 손은 이제 몸 측면을 따라 하체로 이동합니다. 자유형의 기본 메커니즘 중 가장 중요하고 강한 추진력을 얻을 수 있는 구간이 바로 물 안에서 팔을 당기는 동작에서 나옵니다.

종종 물 잡기 동작(Catch)으로 손을 곧게 뻗은 상태 그대로 물 아래까지 수직으로 팔을 끌고 가는 경우가 있습니다. 이것이 잘못된 것은 아니지만 이때 팔 면적 전체에 물이 닿으면서 저항을 크게 받게 되고, 손끝은 몸의 중심에서 먼 곳에 위치하게 되면서 그 저항을 이기기 위해 더 많은 힘을 사용해야 합니다. 부하가 많이 걸리다보니 팔을 물속에서 빨리 꺼내고 싶어지고, 그러다 보니 물속에서 제대로 물을 당기지 못한 채 금방 손을 꺼내면서 추진력을 제대로 받지 못하게 됩니다.

수영 종목에서 중요한 것은 효율적으로 추진력을 얻는 것입니다. 그러기 위해서는 물을 캐치한 이후 물속에서 가능한 팔꿈치를 아래로 떨어뜨리지 않고 높게(즉, 수면 가까이) 가져가면서 팔의 전완(forearm)과 손바닥으로 물을 당기고, 팔의 상완(upper arm)도 몸통 가까이 당기면서 물을 당기고 손을 허벅지 옆으로 보내는 것입니다. 이러한 자세의 이름을 "하이 엘보"(High Elbow)라고 합니다. 하이 엘보를 통해서 몸통 가까이에서 근육을 사용함으로써 효율적으로 에너지를 사용할 수 있습니다.

3) 출수(Exit)

물을 당긴 손바닥은 허벅지 옆을 지나서 둔부 위로 올라갑니다. 수영 초보이거나 근력이 부족한 경우 출수 동작을 끝까지 수행하지 못하고 너무 일찍 팔이 나오는 경우가 많습니다. 당기기를 통해서 모아진 힘을 한 방향으로 응축시켜 보내주어야 제대로 된 추진력을 얻을 수 있는데, 마지막 출수 동작이 생략되거나 확실히 마무리해주지 못할 경우 물 당기기를 통해 모아진 추진력이 흩어져버리게 됩니다. 꼭 끝까지 신경 써서 리커버리 동작으로 들어가야 합니다. 올바른 출수 동작에 익숙해지기 위해서는 둔부를 넘어서까지 물을 당겨 밀어준다는 느낌으로 연습을 하는 것이 도움이 됩니다. 이와 동시에 손끝이 무릎에 닿을 정도로 끝까지 밀어준다는 느낌으로(물론 무릎까지 닿을 수는 없습니다만) 허벅지 옆을 스쳐 지나갈 수 있도록 밀어주세요.

4) 회복(Recovery)

수면 밖에 팔이 있는 상태로, 스트로크 사이클을 다시 반복하기 위해서 상체 앞부분으로 손을 옮기는 행위를 말합니다. 트라이애슬론 수영은 실내 수영장에서의 수영과는 다르다는 것을 명심하셔야 합니다. 엄지손가락 또는 손끝이 수면 가까이 지나갈 정도로 팔을 접는 방식의 리커버리 동작을 하기에는 쉽지 않습니다.

트라이애슬론에서는 자연스럽고 부드럽고 우아할 필요가 없습니다. 팔꿈치를 굽히면서 리커버리를 하는 것 보다 팔꿈치를 굽히지 않은 채 팔을 높고 크게 올려서 돌려주는 방식으로 해보세요. 즉, 엉덩이를 지나 출수한 손이 쭉 뻗어져 있는 상태 그대로 들어 올려서 리커버리를 해주는 것이죠.

그리고 트라이애슬론 대회에서는 대부분 웨트슈트를 입고 수영하게 되는데, 타이트하게 달라붙은 웨트슈트를 입고 평소처럼 팔을 접어 올리기에는 무리가 있습니다. 따라서 수면까지 올라온 팔을 수면 밖으로 꺼낼 때 의식적으로 팔을 접어서 올리기보다는 자연스럽게 반원을 그리면서 팔을 돌리는 것이 편할 수 있습니다.

▌킥(Kick) 하체 분석

발차기는 Two(2)킥, Four(4)킥, Six(6)킥 등 발차기 리듬에 따라 다양한 방법으로 진행할 수 있습니다.

수영에 처음 입문하는 많은 분들께서는 수영은 발차기를 많이, 그리고 세게 찰수록 빨라진다는 생각을 가지십니다. 하지만 최고 속력에서는 공급된 산소의 60% 정도가 발차기에 소모되지만 그로 인한 추진력은 20%에 불과하며 속력을 좌우하는 대부분 요인은 제대로 된 팔 젓기(크롤링)에 있다고 합니다.

따라서 발차기는 몸의 균형을 잡고 수면과 수평을 이룰 수 있을 정도로 적당히 차고 팔 젓기에 더 많은 집중을 하는 것이 입문자에게는 효율적입니다. 물론 충분한 에너지가 있다면 발차기 횟수와 힘을 늘려 속력을 올리는 것이 좋습니다.

발차기는 발목의 힘은 빼고 발등과 정강이가 부드럽게 연결될 수 있도록 가볍게 편한 상태에서 해 주는 것이 좋습니다. 평소 걷는 모습처럼 발목을 구부려 발차기를 한다면 발목에 무리가 갈 뿐만 아니라 발차기를 통한 추진력 확보와 물속에서 몸을 띄우기가 힘들어집니다.

TIP **수영 실력이 향상되면 나머지 종목도 향상된다?!**

근골격 관점에서 수영을 사이클, 달리기와 비교하였을 때 수영은 관절 부하가 가장 적은 운동이라 할 수 있습니다. 즉, 충분한 훈련이 뒷받침된다면 대회에서는 큰 근육피로를 쌓지 않고도 사이클링을 시작할 수 있다는 것입니다.

또한 수영은 대회 심리에 가장 많은 영향을 미치는 종목이기도 합니다. 만약 수영에 자신이 없다면 대회 시작 전부터 많은 긴장과 불안감으로 최상의 컨디션을 유지하기가 힘들 것입니다. 하지만 수영에 자신이 있다면 남들보다 앞서 경기를 즐길 수 있게 됩니다. 부디 수영을 게을리하지 말고 꾸준히 연습합시다!

TIP **실내 수영장 에티켓, 이것만은 꼭 지킵시다!**

실내 수영장을 이용하다 보면 알게 모르게 남에게 피해를 주는 경우가 있습니다. 이번 장에서는 간단하지만 실수하기 쉬운 실내 수영장 기본 에티켓에 대해서 알아보도록 하겠습니다.

- **레인 내에서의 휴식**
  풀장 내에서 잠시 휴식을 취할 때는 가운데 공간은 비워두고 벽 좌측과 우측에서 휴식을 취하도록 합니다. 중앙을 비워둬야 다른 사람들이 편하게 수영할 수 있습니다. 이렇게 한다면 상대방에게 보다 넓은 공간을 제공할 수 있고 모두가 편안한 수영을 즐길 수 있습니다.

- **자신의 실력에 맞는 레인 고르기**

    대부분의 수영장은 초급, 중급, 상급 등 실력에 따라 레인을 구별하고 있습니다. 스스로 생각하는 등급에 맞는 레인을 골라 수영을 하면 되겠으며 만약 내 실력을 모르겠다면 해당 레인에서 수영하고 있는 다른 사람들의 속력에 맞춰서 수영을 할 수 있는 레인에 들어가는 것을 추천합니다. 가령 본인이 접영까지 할 수 있어서 상급 레인에 들어갔지만 속력이 남들보다 많이 느리다면 함께 수영하는 분들께서 불편함을 느낄 수 있기 때문입니다.

- **레인에서 양보하기**

    수영을 할 때 누군가가 뒤에서 자신의 발등을 건드린다면 불쾌한 마음은 잠시 접어두고 레인 끝에 도달하면 상대방을 먼저 보내는 배려심을 보여주세요. 또한 레인에서 자신이 출발하려 하기 전에 턴하려는 사람이 있다면 잠시 기다린 후 출발하는 것이 좋습니다. 본인이 다가오는 사람보다 월등히 빠르지 않다면 상대방의 수영리듬이 깨질 수 있기 때문입니다. 잠깐의 여유를 가지고 즐겁게 수영하도록 합시다.

- **샤워하고 풀장 입장**

    수영장에 입장하기 전에는 반드시 샤워를 하고 입수하도록 합시다. 특히 향수를 뿌린 경우에는 입수 전 몸을 깨끗이 비누칠하여 향수 냄새를 없앤 뒤 물속으로 들어가야 합니다. 실제로 향수를 뿌린 뒤 씻지 않고 입수한 사람과 수영을 해보았는데, 머리가 너무 아파서 얼마 버티지 못하고 물 밖으로 나온 경험이 있습니다. 깨끗이 씻지 않고 실내 풀장에 입수하는 경우 함께 사용하는 사람들에게 매우 실례되는 행동이니 반드시 씻고 입장하도록 합시다.

▌오픈 워터의 특징

실내 수영장은 강이나 바다에서의 수영과는 달리 잔잔한 수면에서 수영을 합니다. 하지만 트라이애슬론 선수들은 안락한 실내 수영장이 아닌 급변하는 환경(파도, 날씨, 몸싸움 등등)에 마주서야 합니다. 따라서 시시각각 변하는 환경에 빠르게 적응하는 것이 필요합니다.

오픈 워터라는 특수한 환경에서의 수영은 영법의 기술적 완성뿐만 아니라 직접 그 환경을 접해보고 여러 선수들과 몸싸움을 하며 수영하는 기술을 익혀야 합니다.

▌오픈 워터 수영 스킬

1) 초반 스트로크 늘리기

오픈 워터에서는 파도, 조류, 햇살 등의 자연적인 환경과 수많은 선수들과 몸싸움을 하며 수영을 한다는 차이점이 있습니다. 넘실대는 파도에도 정신이 없는데 앞사람의 발차기에 얻어맞기까지 한다면 정말 정신없겠죠? 이런 긴박한 환경에서는 몸의 빠른 움직임을 위해 팔의 회전수, 즉 스트로크를 증가시키는 것이 좋습니다.

특히 수영은 출발과 동시에 자신의 자리를 차지하기 위한 몸싸움이 가장 심한데, 이때 평소보다 스트로크를 횟수를 증가시켜 주는 것이 자리 잡기에 많은 도움이 됩니다. 글라이딩을 많이 넣어 부드럽고 우아한 스트로크 방식으로 수영을 하다가는 상대방이 내 등 위에 올라타는 바람에 잔뜩 물을 마시거나, 내 다리를 붙잡고 놓지 않아서 가라앉을 수도 있습니다. 이런 예기치 못한 상황에 직면하면 호흡이 불규칙적으로 거세지고 생존을 위해 팔놀림과 발차기가 거칠어지며 패닉 상태에 빠질 수 있습니다. 따라서 수영 출발과 동시에 큰 무리에서 빠져나와 어느 정도 자신의 자리를 잡기 전까지는 빠른 스트로크를 구사하여 당황스러운 환경에서 빠르게 빠져나오도록 합니다.

2) 헤드업 영법

헤드업은 말 그대로 수영 중 머리를 위로 들어 올려 수면 위 상황을 확인하면서 현재 자신의 위치를 확인하고 경로를 수정하여 올바른 목적지로 나아가기 위한 기술입니다. 오픈 워터 수영은 실내 수영장과는 다르게 수면 아래의 정보가 전혀 없기에 본인이 제대로 된 방향으로 가는지 수시로 확인을 해야 합니다. 하지만 헤드업을 한 번 할 때마다 추가적인 에너지 소모가 발생하기에 최소한의 횟수로 정확한 방향으로 나아가야 합니다.

① 실내 수영장에서의 헤드업 훈련

i) 타잔 자세(난이도 하)

머리를 들고 자유형을 합니다. 이 훈련을 하면 허리가 휘게 되고 발차기를 더욱 하게 되어 헤드업을 익히는 데 좋은 자세를 유지할 수 있습니다.

ii) 사람 찾기(난이도 중)

수영을 하면서 물 밖에 있는 사람이나 사물을 찾습니다. 이 훈련 방법은 한 번의 헤드업으로 확인할 수 있는 시야의 범위를 넓히는 데 도움이 됩니다.

iii) 3·3·6(난이도 상)

오른팔 스트로크 때 3번 고개를 들어 정면을 응시하고, 이후 왼쪽으로도 3번 헤드업을 한 뒤 6번은 정상적으로 수영을 합니다. 오른쪽, 왼쪽, 양쪽 호흡의 연장선인 양쪽 헤드업이라고 생각하면 되겠습니다. 양쪽 모두 익숙해져야 하는 만큼 상당히 어렵지만 이 훈련도 익숙해지면 앞으로는 어떠한 상황에서라도 익숙하게 헤드업을 통해 시야를 확보할 수 있을 것입니다.

② 오픈 워터에서의 헤드업 훈련

가급적 높이 머리를 들되 수면이 잔잔한 상태라면 물 밖으로 눈만 나올 정도로 고개를 들어도 충분합니다. 만약 파도가 치는 바다라면 우리 몸이 파도 위에 있을 때가 전방 응시에 가장 좋습니다. 이때 중요한 것은 파도를 타며 우리 몸이 올라갈 때와 내려갈 때의 느낌을 익혀야 하는 것입니다. 만약 파도를 예측할 수 없는 상황이라면 머리를 높이 들되 드는 횟수는 줄여야 합니다. 머리를 들었다가 오히려 파도에 부딪혀 호흡에 방해가 되거나 저항을 받을 가능성이 높기 때문입니다.

헤드업을 통해 전방을 확인할 때는 2가지 동작으로 구분해서 진행합니다. 우선 고개를 들어 전방을 확인하고 이후 고개를 옆으로 돌리면서 호흡을 합니다. 물을 잡는 캐치 동작에서 손과 팔로 물을 누르면 상체가 약간 떠서 머리를 들기 쉽습니다. 또한 머리를 들 때는 허리가 휘어야 합니다. 그래야만 하체가 가능한 수면에 머물도록 하여 물의 저항을 최소화할 수 있기 때문입니다. 이와 동시에 발차기를 좀 더 차도록 합니다. 그러면 부력이 증가하여 하체가 가라앉는 것을 막을 수 있습니다.

끝으로 3번 연속 헤드업을 하여 전방을 확인해봅니다. 첫 번째 헤드업을 통해 부표의 위치를 확인하고, 두 번째는 목표한 부표 위치를 향해 방향을 잡고, 세 번째는 그 방향이 맞는지 재확인하는 것입니다. 다음 확인 때까지 약 20초간 수영을 해보고 정확한 방향으로 이동하고 있는지 다시 확인해보면 되겠습니다.

TIP 헤드업 핵심 포인트 정리!

- **가슴을 포함한 몸 전체를 들려고 하지 말고, 뒷머리를 확 잡아당긴다는 생각으로 고개만 뒤로 강하게 젖힌다!**
  직선의 막대기를 생각했을 때 윗부분을 들어 올리면 아랫부분은 내려가기 마련입니다. 물속에서 우리 신체 또한 상체를 들어 올리면 하체가 쉽게 가라앉게 됩니다. 하체가 가라앉으면 물의 저항을 강하게 받게 됩니다. 시야를 확보

하되 최소한의 상체만 들릴 수 있도록 가능한 머리만 위로 올린다는 느낌으로 연습해주세요.

- **헤드업 시 머리가 물 밖으로 나와 있는 시간을 최소화한다!**
단 한 번의 헤드업을 통해서 원하는 지형지물을 모두 확인하기는 결코 쉽지 않습니다. 그렇다고 오랜 시간 머리를 들고 있으면 점점 몸은 가라앉게 되겠죠? 한 번에 원하는 지형지물을 보지 못했다면 다시 헤드업을 하는 것이 낫습니다. 에너지를 아낄 수 있는 방법이죠.

- **헤드업 이후 다시 수면 아래로 들어갈 때는 머리를 조금 더 깊숙이 넣는다!**
헤드업으로 인하여 약간이나마 하체가 아래로 쳐져 있기에 리커버리 동작과 함께 머리를 깊숙이 넣어줘 하체를 다시 원래 위치로(수면으로) 올려놓는 것이 필요합니다. 그렇다고 해서 머리만 너무 깊숙이 넣는 것은 아니고 가슴으로 물을 누른다는 생각으로 들어가면 하체가 수면으로 떠오르게 됩니다. 부드러운 웨이브 동작을 떠올리면 좋습니다.

- **대회 시작 전 미리 눈에 띄는 지형지물을 점찍어 둔다!**
만약 반환점이 잘 보이지 않는다면, 비슷한 방향의 큰 지형지물을 미리 마음속에 점 찍어두세요. 큰 바위라든지 방파제 위치, 등대, 섬 등이 될 수 있겠습니다. 이들 위치를 확인하여 대략적인 방향 설정만 할 수 있더라도 헤드업 횟수를 상당히 줄일 수 있습니다.

3) 물의 흐름 파악하기

바다나 강은 실내 수영장 또는 호수나 저수지와는 다르게 물이 흐르는 방향과 그 흐름에 따른 유속이 발생합니다. 분명 여러분은 직선 방향으로 똑바로 수영을 한다고 생각하겠지만 물의 흐름에 따라서 옆으로 헤엄치게 될 수도 있다는 것입니다. 그리고 그 속력은 생각보다 빠르기 때문에 점점 레인과 부표에서 멀어질 수 있습니다.

그래서 중요한 것이 앞서 보았던 헤드업 스킬입니다. 헤드업으로 현재 위치를 확인하였을 때 레인이나 부표, 혹은 미리 살펴보았던 지형지물과 다른 모습이 보인다면 빠르게 방향을 수정해야 합니다.

시야를 넓혀 주변 경관을 관찰하면 수영 코스를 파악하는 데 좋습니다. 특히 대회 전 날과 대회 날 아침 일찍 사전 수영 연습을 할 기회가 주어지니 이때 미리 수영을 하면서 수온과 유속을 느껴봄과 동시에 주변 지형과 반환점 부표의 위치를 눈에 익혀두는 것이 유리합니다.

• **반환점을 향할 때:** 주변 산의 위치, 등대 위치, 멀리 정박해 있는 배, 태양의 위치 등
• **반환점을 돌아올 때:** 수영 출발 부스, 운집해 있는 관중 등

또한 안전을 위해 수영 코스에는 많은 안전 요원들이 카약, 패들 등을 타고 고정된 위치에서 대기 중입니다. 이들의 위치를 시야에서 잃지 않는 것 또한 본인의 위치 파악에 도움이 됩니다.

4) 수영 드래프팅

드래프팅이라는 용어는 주로 사이클 경주에서 등장하는 용어로, 앞 선수의 바로 뒤에 붙음으로써 내가 받는 공기저항을 최소화하는 것을 말합니다. 이를 통해 본인의 에너지를 아끼면서 레이스를 할 수 있는 것이죠. 이와 유사하게 수영에서도 드래프팅을 하면 물의 저항을 줄이는 효과를 볼 수 있습니다.

하지만 수영에서의 드래프팅은 크게 두 가지 면에서 어려움이 따릅니다. 우선 드래프팅 효과를 얻을 수 있을만한 주변 선수를 찾는 것이 어렵습니다. 수영 중 다른 선수들을 제대로 볼 수 없는 상황에서 자신보다 살짝 더 빠른 선수를 찾는 것은 생각처럼 쉽지 않습니다. 그리고 그 선수가 일직선이 아닌 지그재그형태로 가게 된다면 이를 따라가다가 오히려 체력적으로나 시간적으로나 손해를 볼 수 있습니다.

수영 시작과 동시에 본인이 드래프팅 할 타깃 선수를 찾기보다는, 어느 정도 몸싸움이 잦아들고 안정적인 상태에서 수영이 가능할 때 앞선 선수를 따라가는 것이 좋습니다. 그리고 따라가는 선수를 제칠 수 있을 것 같다면 또 다른 타깃을 찾아서 쫓아가는 것이죠. 이러한 점을 잘 염두에 두고 수영을 한다면 기록 향상에 많은 도움이 될 것입니다.

5) 오픈 워터 상황별 두려움 극복 방안

① 저는 야외에서 수영해본 적이 없는 걸요?!

트라이애슬론 대회를 준비하면서 많은 분들이 겪는 어려움 중 하나가 바로 바로 오픈 워터에서의 경험 부족과 이로 인한 두려움을 꼽습니다. 저 또한 수영장에서의 수영은 오랫동안 해왔었지만 오픈 워터에서의 수영은 첫 대회에 참가해서야 처음 해보았습니다. 대부분의 대회는 전날에 수영 코스 일부를 개방하여 미리 연습할 수 있는 기회를 제공합니다. 짧지만 이때를 활용하여 미리 경험을 쌓아보는 것이 오픈 워터에 대한 두려움을 줄이는 데 꽤 큰 도움이 됩니다. 실내 수영장에서만 연습해봤다면 대회 전날 이 시간을 활용하여 조금이나마 오픈된 환경에 적응해보고 마인드 컨트롤을 해주는 것이 좋습니다. 만약 부득이하게 미리 수영을 해보지 못한다면 대회 당일 아침에 짧게나마 물속에 들어가 볼 수 있는 기회가 한 번 더 주어지니 이때는 놓치지 말고 물에 몸을 담가보도록 합시다.

② 상상해보지 못한 물 속 세상에 대한 두려움

평소 오픈 워터에서 충분히 연습을 해온 사람이더라도 평소 훈련하던 곳과 다른 새로운 환경에서 입수와 동시에 앞이 보이지 않는 물 속 세상을 맞이하면 평정심을 유지하기가 어렵습니다. 하물며 처음 오픈 워터에 입수하는 사람이라면? 그 공포는 이제껏 경험해보지 못한 것일 수 있습니다. 물속이 한 치 앞도 보이지 않아 생기는 공포도 있지만, 반대로 물속이 너무 잘 보여도 생경한 모습에 공포심이 생기기도 합니다.

만약 물에 대한 공포로 호흡이 어렵다면 초반부는 천천히 평영을 하며 호흡을 가다듬고 심박수를 낮추도록 합시다. 혹은 레인을 붙잡고 쉬는 것도 한 가지 방법이 되겠습니다. 물속 세상에 적응이 될 때까지, 숨이 트일 때까지 마음과 멘탈을 가다듬으면서 그 환경에 적응합시다.

③ 내가 수영 중인건지, 레슬링 중인건지

대회 초반에는 물속 위치 선정을 위한 선수들 간의 몸싸움이 심심치 않게 발생합니다. 누군가의 발장구에 얼굴을 맞는 경우도 생기고 뒤에서 내 발을 잡아끄는 경우도 생깁니다. 혹은 다른 사람이 나의 등 위에 올라타서 수영을 하는 경우도 있습니다.

이럴 때는 기록에 대한 욕심을 버리고 조금 늦게 출발하는 법도 배울 필요가 있습니다. 몸싸움에 치이다가 패닉 상태에 빠지면 결국 대회 전체를 포기해야 하는 경우가 생길 수도 있기 때문이죠. 만약 본인 주변에 다른 선수가 있다면 최대한 부드럽게 수영합시다. 실수로 앞 선수의 발을 건드리더라도 부드럽게 만지면 돌아오는 상대방의 발차기도 조금은 부드러워집니다. 하지만 나의 강렬한 터치는 상대방을 도발하려는 의도로 느껴질 수도 있습니다. 반대로 뒤에 따라오는 선수가 여러분의 발에 닿을 때 강하게 발차기를 하는 경우 상대 선수가 다칠 수 있으니 서로가 서로에게 배려하는 자세가 필요합니다.

또한 몸싸움 상황에 대비하여 사전 연습을 해봅시다. 야외에서 연습할 수 있다면 좋겠지만 실내 수영장에서도 비슷한 조건으로 연습해 볼 수도 있습니다. 함께 훈련하는 사람들과 동시에 출발하여 좁은 공간에서 몸이 부딪히는 상황을 가정해보는 것입니다. 혹은 대시(Dash)를 하여 일부러 숨이 차도록 만듭니다. 대회 중에는 100m도 가지 못해서 심장 박동이 빨라지고 호흡이 가빠올 수 있습니다. 이것은 몸이 힘들어서 그런 것이 아니라 긴장감과 공포감에 의해 생기는 현상입니다. 따라서 몸싸움 혹은 대시 이후 회복을 할 때 레인을 잡지 않고 수중에서 호흡을 가다듬으며 심박수를 낮추는 훈련을 해야 합니다. 실내에서든 오픈 워터에서든 이 회복 훈련이 병행되어야 대회를 무사히 잘 마칠 수 있으니 꼭 연습하도록 합시다.

오픈 워터 두려움 극복 비책!

• **수경 코걸이 부분에 앞으로 튀어나온 막대나 끈 등을 부착해보자!**

눈앞의 작은 목표에 집중하도록 함으로써 다른 영역은 잊도록 하는 방법입니다. 수영할 때 그 막대나 끈에만 집중하며 가다 보면 보이지 않는 물속에 대한 공포감을 조금이나마 줄일 수 있습니다.

• **마음 속 자신만의 노래를 부르면서 수영하라!**

모든 운동 종목이 마찬가지겠지만 수영에서도 중요한 것이 바로 "리듬"입니다. 적절한 리듬을 타기 시작하면 점점 무아지경에 빠져들게 되고 피로도는 낮아지며 아주 효율적으로 몸을 움직일 수 있게 됩니다.

대회 수영 중에도 나의 스트로크에 찰떡으로 떨어지는 비트와 BPM을 가진 노래를 선정하고 그 노래에 맞춰 호흡패턴을 유지하다 보면 점차 호흡도 안정적으로 변하게 되고 몸의 움직임도 리듬에 익숙해질 수 있습니다. 이는 본인의 수영 페이스 유지에 많은 도움이 되고, 주위 환경보다는 자신의 마음 속 리듬에 집중하게 해 공포감과 긴장감을 한층 누그러트릴 수 있는 좋은 방법입니다.

④ 결국 정답은 연습이다

오픈 워터의 두려움을 극복하기 위해서는 미리 경험하고 훈련하는 것이 최선입니다. 단, 오픈 워터에서 훈련하는 경우에는 반드시 동료와 함께 하거나 주변에 사람들이 많은 곳에서 연습하도록 합시다. 대회 때는 구조요원들이 코스 곳곳에 위치해 있지만 연습 때는 그렇지 않다는 것을 명심해야 합니다. 물에 들어가기에 앞서 주변 사람들에게 인사 등을 하여 본인의 존재를 확인시켜주는 것이 좋습니다. 그리고 안전부이를 이용하여 만약의 사태에 대비할 수 있도록 합시다.

트라이애슬론을 준비하다보면 주변에 생각보다 많은 철인클럽이 있다는 것을 알게 될 것입니다. 이러한 철인클럽들의 오픈 워터 훈련 일정에 맞춰 함께 참석하는 것도 좋은 방법입니다.

여름철 한강 주변을 걷다 보면 윈드서핑이나 수상스키, SUP(Stand Up Paddle Board) 등 다양한 수상레저를 즐기는 모습을 쉽게 볼 수 있습니다. 그렇다면 한강에서 수영도 할 수 있을까요? 한강 수영을 하려면 어떻게 해야 할까요?

한강에서 수영을 하려면 각 한강공원안내센터에서 수상레저활동신고서를 먼저 작성해야 합니다.*

한강공원안내센터는 난지안내센터에서부터 광나루안내센터까지 총 10개가 있으며 한강에서 수영하기 좋은 곳은 잠실한강공원의 잠실대교 하류 지점입니다. 잠실한강공원은 주차장과 편의점이 가까이 위치해 있고 간단하지만 샤워시설이 있기 때문에 이 곳에서 옷을 갈아입거나 수영 후 샤워도 할 수 있습니다. 잠실한강공원에서 수영을 할 경우 반대편까지 왕복 거리는 약 1,700m 정도 되니 오픈 워터 연습을 하기에도 좋은 환경입니다.

다만, 잠실한강공원 잠실대교 상류부터 광나루한강공원까지는 상수원 보호구역으로 모든 활동이 금지되고 이를 지키지 않을 경우 과태료가 부과될 수 있으니 참고해야 합니다. 그리고 잠실대교 바로 아래 하류에는 수중보가 있어서 낙차로 인한 와류 및 급류 등에 휩쓸릴 수 있으니 이 곳에는 접근하지 않고 안전한 곳에서 수영을 해야겠습니다.

---

* 서울특별시에서는 "미래한강본부"를 설치하여 한강공원과 각종 한강시설, 수상이용시설 및 수상레저스포츠 등 한강과 관련된 다양한 정보를 제공하고 있습니다. 상세한 정보는 해당 사이트(hangang.seoul.go.kr)에서 확인할 수 있습니다.

지금까지 트라이애슬론의 첫 종목인 수영에 대해서 알아보았습니다. 처음에 말씀드린 것처럼 조금이라도 자유형을 할 수 있는 분이라면 누구라도 트라이애슬론에 도전할 수 있다고 믿습니다. 꾸준히 연습하다보면 자유형이 익숙해지고 점점 수영하는 거리도 늘어나게 될 것입니다. 그리고 나아가 오픈 워터에서의 수영도 도전할 수 있을 것입니다. 오픈 워터에서의 수영은 불분명한 시야, 바닥에 닿지 않는 발, 수많은 사람들과의 몸싸움 등에서 오는 두려움을 극복하는 것이 중요합니다. 사전 이미지 트레이닝과 더불어 마인드 컨트롤을 통해 자기 자신을 극복하는 과정을 즐길 수 있기를 응원하겠습니다.

트라이애슬론을 준비하다 보면 주변 사람들로부터 수영 실력을 기르는 시간에 사이클과 달리기 연습을 더 하는 것이 좋다는 이야기를 종종 듣습니다. 수영은 단기간에 실력을 향상시키기가 꽤 힘들며 또한 일정 기록 이상으로 더욱 단축하기에는 어느 정도 한계가 있다는 것이 정설과 같이 퍼져있습니다. 하지만 제대로 된 훈련법과 꾸준한 연습이 뒷받침된다면 수영 실력 향상과 더불어 전체 기록 단축에도 큰 도움이 되리라 생각합니다. 여러분도 수영의 중요성을 느끼고 열심히 준비하면 훨씬 좋은 결과를 얻으리라 믿습니다.

CHAPTER 02 트라이애슬론: 사이클

트라이애슬론에서 완주까지 가장 오랜 시간이 걸리는 종목은 사이클 종목입니다. 그만큼 사이클 기록에 따라서 여러분의 대회 전체 기록이 달라질 수도 있습니다. 또한 수영, 달리기와는 다르게 장비의 영향을 가장 많이 받는 종목이라고도 할 수 있죠. 실제로 대회 완주를 넘어서 개인 기록을 갱신하고 또 입상을 목표로 한다면 가장 많은 비용과 노력이 투입되는 종목이 바로 사이클이라고 할 수 있습니다. 하지만 완주가 목표라면 비싼 자전거와 장비가 아니더라도 자신에게 편안하고 부담 없는 가격의 자전거와 장비들로도 충분히 완주할 수 있습니다.

1 기본 사이클 장비

트라이애슬론에 도전하면서 어떤 자전거를 구매할지 많이들 고민합니다.

'저렴한 것은 10~20만 원부터 시작해서 비싼 건 1,000만 원이 넘어가고… 겉으로 보기엔 큰 차이가 없는데 도대체 무엇 때문에 이렇게 가격차이가 많이 날까? 한 번에 최상급 자전거를 구매할까? 아니면 난 초보자용부터 시작해서 조금씩 바꿔나갈까?'

사실 이런 고민에 대한 확실한 정답은 없습니다. 자신이 정말 흥미를 가지고 꾸준히 사이클을 탈 것이라는 확신이 있으신 분이라면 처음부터 상위 기종의 비싼 자전거를 구매해서 중간에 자전거를 업그레이드하는 비용을 아낄 수 있지만, 금방 흥미를 잃는다면 금전적 손실과 더불어 안 그래도 좁은 집 안에 공간만 차지하는 애물단지가 될 수도 있습니다.

저는 트라이애슬론에 처음 도전한다면 저렴한 입문용 사이클로 시작하여도 충분하다는 말씀을 드립니다. 사이클의 경우 제대로 라이딩을 하기 위해서는 자전거 외에도 갖추어야 할 장비가 꽤나 많고 가격도 비싸죠. 필수장비인 헬멧 이외에도 햇빛과 바람, 날벌레 등으로부터 눈을 보호하기 위한 스포츠 고글, 자전거 전용 신발인 클릿슈즈, 사이클 장갑, 사이클용 상의와 하의, 물통, 여분의 튜브와 타이어 등이 필요합니다. 여기에 더 나아가면 속도계, 심박계, 파워미터 등의 전자장비를 이용해서 자신의 라이딩 페이스를 체크하는 것도 할 수 있습니다. 그래서 사이클을 처음 시작하시는 분들에게 자신이 계획한 총 예산에서 약 3분의 1은 자전거 용품을 위해서 투자해야 한다는 이야기도 많이 합니다. 그러니 단순히 비싼 자전거가 좋다고 해서 무조건 비싼 자전거를 고르다가 예산을 초과하는 것 보다는 본인이 설정한 예산 범위 안에서 자전거와 추가 장비를 적절히 선택해야 합니다.

그럼 이제 본격적으로 트라이애슬론 사이클 종목의 장비에 대해서 알아보도록 할까요? 자전거와 관련된 용어부터 시작하여 기타 장비까지 모두 준비하였습니다. 천천히 따라오다 보면 어느새 멋진 자전거가 눈앞에 만들어져 있을 것입니다. 그럼 출발합시다!

▌프레임

우선 사이클을 구성하는 가장 중요한 뼈대인 "프레임"에 대해서 알아보도록 하겠습니다. 프레임은 부분별로 명칭과 주요 역할들이 있을 만큼 세분화되어 있습니다.

1) 프레임(Frame)

프레임은 자전거의 뼈대라고 할 수 있는 차체 모양을 말하며, 크게 경량 프레임과 에어로 프레임 두 가지로 나눌 수 있습니다. 경량 프레임은 예를 들어 오르막길을 편하게 올라가기 위해서 최대한 가볍게 만든 프레임이며 에어로 프레임은 공기 저항을 최소로 하고 평지 및 내리막에서 최대의 성능을 내기 위하여 직진성을 강조하여 만들어진 프레임입니다. 경량 프레임과 비교했을 때 에어로 프레임의 무게가 더 나가지만 고속에서의 속력 유지는 에어로 프레임이 더 좋습니다. 트렉(Trek), 스페셜라이즈드(Specialized), 자이언트(Giant) 등 여러 자전거 브랜드에서는 최상급 모델을 에어로 프레임과 경량 프레임으로 나누어 출시하기도 합니다.

2) 탑튜브(Toptube)

본인의 신체 사이즈에 맞는 프레임을 고를 때 가장 눈여겨보아야 하는 부분이 바로 탑튜브입니다. 탑튜브는 우리가 자전거를 탔을 때, 안장 시작부분에서부터 프레임과 자전거 핸들바를 연결하는 스템까지의 뼈대를 말합니다. 자전거 상단에 위치해 있으며 자전거에 올라타서 아래로 내려다보았을 때 보이는 부분이 바로 탑튜브입니다.

매우 특별한 체형이 아닌 이상 키에 비례하여 상반신의 길이가 결정되기 때문에, 자전거를 구매하실 때 이 탑튜브의 길이와 여러분의 키 또는 상체 길이를 고려하면 되겠습니다.

3) 스템(Stem)

탑튜브 길이 하나만으로 자신에게 딱 맞는 자전거를 찾기는 쉽지 않습니다. 그래서 프레임과 손잡이(드롭바 또는 핸들바)를 연결시켜주는 스템이라는 부품이 있습니다. 스템은 짧은 것은 50㎜부터 긴 것은 130㎜까지 다양하게 구성되어 있으며 프레임 탑튜브의 길이에 더하여 사람들마다 다른 신체 사이즈에 맞추어 조금 더 세밀하게 조절할 수 있도록 해줍니다. 하지만 스템의 길이가 짧아질수록 조향성, 즉 방향 조정 능력이 떨어지므로 적정 길이인 90~110㎜의 스템을 이용하는 것이 좋습니다.

또한 스템에는 한 가지 더 고려해야 할 요소가 있습니다. 바로 위아래 각도입니다. 수평에서 ±13도 사이로 꺾이는 스템이 있습니다. 장착하는 방향에 따라서 핸들바의 높낮이를 위나 아래로 조금씩 조절할 수 있는데 이를 통해서 핸들바를 잡는 포지션을 바꾸어 줄 수 있습니다.

4) 포크(Fork)

포크란 자전거의 핸들과 바퀴인 휠을 연결시켜주는 부위로 핸들을 꺾었을 때 그 방향으로 휠을 조종하는 일종의 조향 기능을 가진 부분입니다. 또한 포크는 재질에 따라서 충격 완화와 관련된 기능을 가지게 됩니다. 고급 사이클에 사용되는 카본 재질의 포크는 알루미늄 포크에 비해서 더 많은 충격을 흡수함으로써 라이더에게 가는 진동을 줄여주고 이 덕분에 누적되는 피로 또한 줄여들며 더 오랜 시간 라이딩을 할 수 있도록 해줍니다. 근데 왜 명칭이 포크냐고요? 아마 포크랑 모양이 닮아서 아닐까요?

5) 시트튜브(Seattube)

탑튜브와 더불어 자신에게 알맞은 사이즈의 자전거를 고를 때 눈여겨보아야 하는 부분이 바로 시트튜브입니다. 물론 탑튜브에 맞추어 자전거 사이즈를 고른 뒤 안장 높이를 조절하여 앉는 높이를 적절하게 맞출 수도 있지만 서양인의 체구에 맞춰진 프레임의 경우 시트튜브가 길게 나오는 경우도 있습니다.

시트튜브는 탑튜브와 시트스테이가 닿는 부분에서부터 바텀브라켓까지의 길이로 여러분의 하체 길이와 관련이 있습니다. 이때에 인심(Inseam)이라는 신체 수치를 바탕으로 시트튜브의 적정 사이즈를 확인하게 됩니다. 인심은 회음부에서 발바닥까지의 길이를 의미합니다.

6) 시트포스트(Seatpost)

탑튜브와 스템의 관계와 유사하게, 시트튜브와 안장(Saddle)을 연결하며 이미 시트튜브에서 결정된 프레임의 높이를 세밀하게 조절할 수 있도록 도와주는 역할을 하는 부분입니다. 스템이 앞, 뒤의 길이를 조절한다면 시트포스트는 위, 아래로 움직여 원활한 페달링을 위한 적정 높낮이를 세밀하게 조정합니다. 안장에서 페달까지의 높이를 맞추는 것은 자전거 피팅(Fitting, 자전거를 자신의 신체 사이즈에 맞추는 튜닝작업) 시 매우 중요한 것으로, 무릎이 약하거나 예민하신 분들은 밀리미터(mm) 단위로 높낮이를 조절하여 무릎에 부하가 가지 않도록 세팅을 합니다.

구동계

　자전거 구매를 고민하고 있는 분이라면 소라, 105, 울테그라, 라이벌, 레드, 슈퍼레코드와 같은 용어를 들어보셨을 겁니다. 이는 유명 자전거 부품회사들의 구동과 관련된 부품들, 총칭하여 구동계의 이름입니다. 프레임이 자전거의 뼈대라고 한다면 구동계는 엔진의 힘을 바퀴에 전달하여 굴러가게 하는 부품입니다.

　구동계 부품 시장에는 크게 3가지 브랜드가 있으며 각 브랜드별로 입문 등급부터 프로 선수들을 위한 최상급 등급의 구동계까지 다양한 라인업을 갖추고 있습니다.

　일본에서 시작하여 전 세계적으로도 많은 대중에게 사용되는 시마노 (Shimano), 1987년에 시작하여 미국의 기술력과 경량성이 반영된 스램 (Sram), 이탈리아 유럽 감성이 담긴 캄파놀로(Campagnolo)까지. 여러분 주변에서 볼 수 있는 사이클의 대부분은 이 세 브랜드 중 하나의 구동계를 사용하고 있을 것입니다. 각 브랜드가 보유한 구동계 라인업에서 차이가 발생하는 요인은 무게와 정확한 변속감이라고 할 수 있습니다. 중급 이상의 구동계에서 변속감은 큰 차이가 없지만 무게에서 꽤 차이가 나게 됩니다. 특히 프로선수들은 단 1g의 무게라도 줄이기 위해서 몇 백, 몇 천 만원의 돈을 쓰기도 하니 구동계의 무게는 상당히 중요합니다.

TIP 3대 브랜드별 구동계 라인업

- **시마노(Shimano)**
  클라리스(Claris) → 소라(Sora) → 티아그라(Tiagra) → 105 → 울테그라(Ultegra) → 듀라에이스(Dura-Ace)로 이어지는 구동계 라인업을 보유하고 있습니다. 과거에는 클라리스, 소라 등급에서는 "STI 레버"가 적용되지 않았지만 2014 년 이후에는 이들 라인급에도 STI 기술이 적용이 되었습니다. 참고로 클라리 스급에는 여전히 다운튜브 변속레버(SL-R400)가 있습니다.
- **스램(Sram)**
  아펙스(Apex) → 라이벌(Rival) → 포스(Force) → 레드(Red)
  빠르고 경쾌한 변속 반응과 시마노에 비해 가벼운 구동계 그룹으로, 초경량 사이클 세팅을 위해서는 스램 레드가 필수적인 구동계로 손꼽히고 있습니다. 스램의 라이벌(Rival) 구동계 그룹을 시마노의 105그룹보다 더 좋게 보는 평 가도 있는 등 전반적으로 고급 구동계라는 인식도 있습니다.
- **캄파놀로(Campagnolo)**
  코러스(Chorus) → 레코드(Record) → 슈퍼레코드(Super Record)
  대체적으로 가성비가 약간 떨어진다는 평가가 있지만, 오랜 역사를 지닌 전 통과 이태리의 감성을 강조하여 탄탄한 마니아층을 확보하고 있습니다.

TIP 로드 사이클의 혁신! STI 레버의 탄생!(Shimano Total Integration)

STI는 "Shimano Total Integration"의 줄임말로 시마노사에서 개발한, 과거 변속 레버가 브레이크 레버와는 별개로 다운 튜브에 달려 있던 형태에서 획기 적으로 진화한 레버입니다. 이 STI가 개발되기 전에는 기어 변속을 위해 더듬 이 형태의 별도 변속 레버를 프레임 다운튜브에 장착하여 사용하였습니다. 그 렇다 보니 라이딩을 하는 도중에 변속을 하려면 핸들바에서 손을 떼어 변속 레 버를 조작해야 하는 불편함이 있었습니다. 하지만 1990년 시마노에서 최초로 브레이크 레버와 변속 레버를 하나로 통합하는 기술 개발에 성공하였습니다. 이것이 바로 STI의 탄생이었습니다.

이후 수많은 프로 선수들이 시마노의 변속 레버를 선택하기 시작하였고 이 STI 레버의 개발 덕분에 시마노가 세계 구동계 시장에서 독보적인 브랜드로 올라설 수 있게 되었습니다.

이를 뒤쫓아서 1992년에 캄파놀로는 에르고파워(Ergopower)를, 스램은 2005년에 더블탭(Doubletap)이라 부르는 유사한 콘셉트의 변속 레버를 개발하여 현재 사용 중에 있습니다.

1) 변속/브레이크 레버

"레버"는 브레이크와 변속을 동시에 담당하는 장치입니다. 기어 변속을 하는 방법은 각 구동계 브랜드마다 조금씩 차이가 있지만, 브레이킹하는 방법은 동일합니다. 레버를 움켜쥐면서 몸 쪽으로 당기면 브레이크를 밟게 됩니다.

2) 앞/뒤 드레일러

"드레일러"는 자동차의 변속기라고 생각하시면 됩니다. 레버를 통하여 변속을 하라는 명령을 내리면 앞쪽의 체인링과 뒤쪽의 스프라켓 카세트에 각각 위치한 드레일러들이 명령을 받아 체인을 움직입니다. 앞쪽의 크랭크에는 대부분 2개의 큰 톱니바퀴(체인링)가 있는데, 앞 드레일러를 통해 체인이 이 2개의 톱니바퀴 사이를 넘나들며 변속이 됩니다. 뒤쪽의 작은 톱니바퀴(스프라켓)는 뒤 드레일러를 통하여 좌우로 이동하며 변속이 됩니다.

일반적으로 뒤쪽 스프라켓 변속은 핸들바 오른쪽에 붙어있는 변속 레버를 통하여 움직이고, 앞쪽 체인링의 변속은 핸들바 왼쪽에 붙어있는 레버를 통하여 작동하게 됩니다. 브레이크의 위치도 대체적으로 오른쪽 레버가 뒤쪽의 브레이크와 연결되어 있으며, 왼쪽 레버가 앞쪽 브레이크와 연결되어 있습니다.

3) 크랭크 세트

크랭크는 라이더가 발을 굴림으로써 발생하는 에너지를 체인을 통해 사이클의 뒷바퀴에 보내어 자전거를 움직이게 하는 부품입니다. 회전축 (BB, Bottom Bracket), 크랭크암(Crank arm) 그리고 체인링(Chainrings)으로 구성되어 있고 이들을 합쳐서 "크랭크 세트"라고 부릅니다.

① 크랭크암(Crank arm)

크랭크암은 회전축(BB)의 중심으로부터 페달이 부착되는 끝 부분까지 연결하는 장비며, 이 크랭크암의 길이가 길면 지렛대의 효과에 의해서 더 큰 힘(토크. torque)을 바퀴에 전달할 수 있습니다. 반대로 짧은 길이의 크랭크암을 사용하면 공기저항을 줄이면서 보다 빠른 케이던스를 유지하여 근육 에너지 소모를 줄일 수 있는 장점도 있습니다. 또한 짧은 크랭크암은 페달이 12시 지점에 위치할 때 올라온 무릎에 의해 횡격막 압박을 완화하여 보다 편한 호흡을 할 수 있다는 장점이 있습니다. 트라이애슬론에서는 짧은 크랭크암을 사용하는 것이 여러모로 이점이 있다고 할 수 있기에 개인적으로 170㎜의 크랭크암 길이를 추천합니다.

② 체인링

체인링은 크랭크암과 연결되어 페달을 밟는 힘을 체인을 통해 뒤로 전달해주는 원형의 톱니입니다. 이때 톱니의 이빨(teeth) 숫자에 따라 기어비가 결정이 되는데 이 톱니 숫자에 따른 체인링의 크기에 따라 각각 i) 스탠다드 53t/39t, ii) 미드 콤팩트 52t/36t, iii) 콤팩트 50t/34t로 나눌 수 있습니다.

체인링의 톱니 숫자가 적을수록 저단기어(오르막에서 편하게 올라갈 수 있는 기어)를 사용하기에 좋고, 이를 통하여 힘(토크)에 집중하는 스타일의 라이딩보다는 케이던스(회전수)에 집중하는 스타일의 라이딩을 펼쳐 근육 에너지 소모를 아낄 수 있습니다.

여기서 토크 스타일이라 함은 분당 페달 회전수가 80 미만으로 주로 하체의 큰 근육들을 이용하여 페달링을 하는 방법을 말하며, 케이던스 스타일은 분당 페달 회전수를 80~110으로 가져가면서 힘보다는 지속적인 반복운동에 의하여 라이딩을 하는 스타일을 의미합니다.

4) 스프라켓 카세트

"스프라켓"은 자전거의 뒷바퀴 쪽에 달려있는 톱니를 의미하며 이들 톱니를 합쳐서 "카세트"라고 부릅니다. 크랭크 세트에 있는 체인링과 짝이 되어 자전거의 기어비를 만들어 냅니다. 이 스프라켓은 뒷바퀴의 회전축을 뜻하는 허브에 장착이 되며 주로 8~12개의 링으로 이루어져 있습니다. 스프라켓 또한 체인링의 스탠다드, 콤팩트처럼 그 톱니의 수에 따라 다양한 구성을 이를 수 있는데요, 23t/11t에서 31t/12t 등 자신의 라이딩 스타일에 맞는 스프라켓을 부착하여 자신이 편하게 탈 수 있는 적절한 기어비를 보다 세밀하게 구성할 수 있습니다.

▌ 휠(바퀴)

자전거 휠(바퀴)은 타이어 장착 방법에 따라서 클린처, 튜블러, 튜블리스 방식의 세 가지 타입으로 나눌 수 있습니다. 세 가지 타입의 가장 큰 차이점은 바로 튜브의 유무 여부에 있습니다. 클린처 방식은 타이어와 튜브로 구성이 되어있으며 펑크가 났을 시 보통 튜브만 교체해 주면 됩니다. 튜블러는 튜브가 곧 타이어의 역할도 합니다. 그래서 클린처와 달리 별도의 튜브가 없습니다. 타이어를 장착하는 방법도 클린처와는 매우 다릅니다. 그래서 타이어 구매 시 자신의 휠이 어떤 방식의 휠인지 확인 후 구입을 하셔야 장착이 가능합니다.

또한 휠이 어떤 소재로 만들어졌느냐에 따라 카본휠과 알루미늄휠로 나눠집니다. 여기서 주의할 점은 림 브레이크를 사용하는 자전거의 경우 이러한 휠의 재질에 따라 브레이크 패드도 카본용 또는 알루미늄용 브레이크 패드로 맞춰서 사용해야 합니다. 카본 소재는 보다 가벼운 휠을 만들 수 있는 장점이 있지만 브레이크 제동이 어렵고 감속 시 브레이크 패드와 카본 재질의 마찰열로 인하여 휠의 모양에 변형(보통 열변형이라고 합니다)이 올 수 있다는 단점이 있습니다.

1) 클린처 타입

클린처는 공기가 들어가는 튜브와 그 주변을 둘러싸는 타이어로 구성되어 있습니다. 우리 주변에서 쉽게 볼 수 있는 대부분의 자전거 휠이 클린처 타입입니다. 타이어는 휠의 비드(Bead)라고 불리는 곳에 끼워서 바퀴와 타이어가 결착하도록 합니다. 클린처는 튜브에 펑크가 나더라도 직접 저렴한 비용으로 손쉽게 교체할 수 있다는 장점이 있습니다. 하지만 튜블러와 비교했을 때 클린처 타입은 비드 부분이 추가적으로 달려 있다 보니 상대적으로 무게가 조금 더 나가고, 튜브의 공기압을 높일 경우 비드가 파손될 가능성 있어 튜블러에 비해 공기를 적게 넣어야 합니다. 그리고 라이딩 도중에 펑크가 나는 경우에는 실란트(본딩 용액) 등의 수리 부품을 이용한 즉각적인 보수가 상대적으로 어려운 단점도 있습니다.

2) 튜블러 타입

튜블러의 가장 큰 특징은 클린처 타입과 달리 별도의 튜브를 장착하지 않는다는 것입니다. 튜브가 곧 타이어고 타이어가 곧 튜브라고 할 수 있죠. 튜블러 타이어를 휠 바깥쪽에 본드 혹은 테이프로 직접 붙이는 방식으로 장착하기 때문에 타이어를 고정하기 위한 비드 부분이 없고 따라서 클린처 타입의 휠에 비해 무게가 가벼운 장점이 있습니다. 하지만 튜블러 타이어를 사용하기 위해서는 튜블러 타입용 휠을 사용해야 하는 단점이 있습니다. 그리고 주행 중 생길 수 있는 사소한 펑크는 사전에 타이어에 주입해둔 실란트를 통해 어느 정도 대비할 수 있지만, 일정 크기 이상의 펑크는 실란트로도 수리가 불가능하기에 타이어 전체를 새로 교체해야 하는 단점도 있습니다.

3) 튜블리스 타입

튜블리스 타입은 클린처 타입과 비슷하지만 튜브가 없고 타이어만 장착하는 형태입니다. 클린처 타입의 경우 튜브 교체가 쉽다는 장점이 있지만 작은 충격에도 쉽게 펑크가 난다는 문제가 있습니다. 이러한 문제를 보완하기 위해서 클린처 타입에서 튜브를 제외하고 타이어와 림의 비드에 빈 공간을 없애 공기가 새지 않도록 개발된 것이 튜블리스 타입입니다. 튜블리스 타입은 자동차 휠과 동일한 방식이라 생각하시면 됩니다. 평소 라이딩 시 작은 펑크를 대비하기 위하여 미리 타이어에 실란트를 주입해 두면 보다 편한 마음으로 라이딩을 즐길 수 있겠습니다.

4) 림(Rim)

림은 휠 가장자리 둘레에 위치하여 타이어를 장착하고, 브레이크 패드가 휠을 멈출 수 있도록 브레이킹 표면을 제공하는 역할을 합니다. "림 브레이크"라는 용어는 자전거 브레이크 레버를 당기면 브레이크 패드가 바로 이 림 부분을 붙잡으면서 브레이킹을 하는 시스템을 의미합니다. 과거에는 대부분의 자전거가 이 림 브레이크 시스템을 사용하였으나, 요즘에는 일반 로드 바이크에서도 "디스크 브레이크"가 대중화되고 있습니다. 디스크 브레이크 방식은 림 브레이크와 달리 휠 중앙부에 위치한 디스크를 붙잡아서 브레이킹을 하는 방식입니다.

그리고 이 림의 높이(또는 두께)에 따라서 하이림(High rim)과 로우림(Low rim)으로 분류할 수 있습니다. 단어에서도 알 수 있듯이 높은 높이의 림을 하이림, 낮은 높이의 림을 로우림이라고 부릅니다.

하이림은 림의 면적이 로우림에 비해 넓은 만큼 상대적으로 무게가 더 많이 나갑니다. 그리고 경량화를 위해 대부분 가볍고 튼튼한 카본(Carbon) 소재를 사용하여 제작을 하기 때문에 로우림에 비해서 더 비싼 가격대를 구성합니다. 하지만 아마추어 동호인 사이에서는 하이림과 로우림에 따른 퍼포먼스의 차이가 투자한 가격에 대비하여 그리 큰 차이가 없다는 것이 일반적인 평가입니다. 다만 하이림이 좀 더 멋있어 보이는 측면은 있습니다.

하이림은 로우림에 비해 상대적으로 무겁다는 단점은 있지만 같은 페달링 횟수에도 직선의 주로에서 계속하여 앞으로 나아가는 성질, 즉 항속성 유지가 뛰어나 장거리 주행 시 보다 에너지를 아끼면서 이동할 수 있는 장점이 있습니다. 이러한 항속성을 높이기 위해서 기존 철사로 된 휠 스포크를 카본 소재로 3개 혹은 4개의 스포크로 만들기도 하고, 뒷바퀴에 해당하는 리어휠은 디스크 원반처럼 완전히 막힌 형태의 "디스크 휠"을 사용하기도 합니다. 하이림의 장점과 단점을 각각 극대화한 휠이라 생각하면 되겠습니다. 대신 디스크 휠은 옆에서 부는 바람, 측풍이 부는 경우 상당히 힘들어지는 단점도 있습니다.

▎타이어

타이어는 자전거의 소모품 중 가장 많이 소모되고 교체하는 부품입니다. 자전거 타이어에는 수많은 종류가 있으며 타이어에 따라 자전거 성능에 미치는 영향도 큽니다. 그래서 최소한의 비용으로 사이클의 성능을 올리고 싶다면 고급 타이어로의 교체를 1순위로 뽑습니다. 하지만 애석하게도 타이어의 내구성과 퍼포먼스는 서로 반비례 관계에 있습니다. 퍼포먼스는 좋지만 상대적으로 내구성이 약한 경우가 많죠.

타이어는 용도와 사이즈에 따라 구별되며 내 자전거의 스펙을 고려하여 알맞는 사이즈의 타이어를 선택해야 합니다. 로드 타이어를 기준으로 했을 때 '700×23C', '700×25C'와 같은 사이즈 표기를 볼 수 있습니다. 이는 미터법 기준 자전거 타이어 사이즈 표기법입니다. '700'은 타이어를 장착한 뒤 적정공기압까지 넣었을 때를 포함한 전체 직경을 의미합니다. 즉, 타이어까지 포함해서 바퀴 가장 바깥쪽 기준의 지름입니다. '23C', '25C' 등은 타이어의 너비입니다. 각각 타이어 너비가 '23mm',

'25mm'라는 뜻입니다. 뒤의 알파벳은 글자 코드로 표시한 림 사이즈입니다. 과거에는 23C 타이어가 가볍고 공기 저항이 낮다는 이유로 애용되었으나 최근에는 연구와 기술발전을 통해 25C 타이어의 장점이 부각되면서 더 넓은 사이즈의 타이어가 많이 사용되고 있습니다. 타이어 너비가 넓어지면 승차감이 좋아지고 도로의 충격을 잘 흡수하여 피로도는 낮아지는 장점과 접지면적이 넓어 코너링 시 더 나은 그립력을 제공하여 안정적인 주행이 가능한 장점이 있습니다.

▌ 헬멧

최초 사이클 대회가 시작했을 무렵의 사진이나 영상을 보면 대부분의 선수들이 헬멧을 착용하지 않고 있습니다. 하지만 1980년대 후반에 들어서는 헬멧 착용이 의무사항으로 바뀌게 됩니다. 실제로도 대회 진행시 헬멧 덕분에 큰 부상을 피하는 장면도 간간히 볼 수 있습니다. 헬멧은 자전거를 타는 사람들에게는 가장 필수적인 안전장비라 할 수 있으니 아낌없이 투자하여 반드시 갖추어야 합니다. 기회가 된다면 직접 착용해보고 구매하는 것이 좋으며 라이딩 전에는 턱 끈 길이를 알맞게 조절하여 헬멧이 덜렁거리지 않도록 단단히 조여야 합니다.

▌ 핸들바

핸들바는 자전거 주행 시 조향 기능을 담당하고 라이더가 다양한 자세를 취하고 공기저항을 줄이는 데 도움을 줍니다. 핸들바 또한 다양한 사이즈가 있으니 라이더의 체형에 맞춰 알맞은 핸들바를 고르는 것이 좋습니다.

핸들바는 크게 드롭바와 에어로바로 구분되는데, 드롭바는 낮고 다양한 그립 위치를 제공하여 주행 환경에 따라 다양한 자세를 취하는 것과 안정성 측면에서도 유리합니다. 에어로바는 전방으로 낮은 자세를 취할 수 있게 하여 공기역학적으로 유리하며 에너지 효율성을 높여 장거리 레이스에 적합합니다. 이러한 에어로바는 기존 핸들바에 부착하는 형태가 많지만 공기저항을 최소화하기 위한 일체형 에어로 핸들바도 있습니다.

▌페달

페달은 라이더가 다리 힘을 통해 자전거에 추진력을 전달하는 핵심 부품입니다. 자동차로 비유하면 액셀러레이터와 같은 역할입니다. 페달은 일반 평페달과 클릿 페달로 구분되며, 트라이애슬론에서는 발과 페달을 고정해 효율적으로 힘을 전달하는 클릿 페달이 주로 사용됩니다. 클릿 페달은 페달링 시 상하 양방향으로 힘을 주어 페달링 효율을 극대화하며 장거리 레이스에서도 피로를 줄여줍니다. 페달에 파워 미터가 내장된 제품도 있는데, 이를 통해 라이더는 실시간으로 힘 출력 데이터를 분석해 효율적인 페이스 조절이 가능합니다.

▌안장(Saddle)

안장은 라이더가 앉아 체중을 지지하는 부품으로 트라이애슬론에서는 장시간 안정적으로 페달링을 이어가기 위해 편안한 착석감을 제공하는 것이 중요합니다. 안장의 형태와 재질은 주행 자세와 라이더의 체형에 맞춰 다양하게 설계되며, 특히 트라이애슬론용 안장은 엉덩이와 회음부의 압박을 최소화해 장거리 주행 시에도 불편함을 줄입니다. 이러한 안장 또한 공기역학적인 디자인과 경량 소재를 사용한 제품이 인기 있으며 자세에 맞춰 좌우로 분리된 구조나 코가 짧은 안장도 많이 사용합니다.

지금까지 사이클 라이딩을 위해 기본적으로 필요한 장비에 대해 알아보았습니다. 기본적으로 사이클의 뼈대가 되는 프레임이 있어야 하고 여기에 자전거를 굴러가게 하는 구동계와 휠이 필요합니다. 그리고 휠 타입에 따른 타이어를 장착하고 핸들바와 페달, 안장을 설치하면 기본적인 자전거의 형태가 완성됩니다. 이렇게 기본 장비만 갖추더라도 트라이애슬론 대회에 참가하는 데는 전혀 문제가 없습니다.

만약 중장거리 트라이애슬론 대회에 참가한다면 보다 성공적인 레이스를 위해 추가 장비를 선택할 수 있습니다.

▌ 클릿(Cleats), 사이클 슈즈, 클릿 페달

사이클 페달링의 효율을 극대화하기 위해 "클릿"(Cleats)이라는 부품을 추가할 수 있겠습니다. 클릿은 금속 또는 플라스틱으로 제작되어 사이클 슈즈 바닥에 부착하는데, 사이클 슈즈와 클릿 페달을 결착하여 페달링을 하는 동안에도 계속하여 결합되도록 연결하는 역할을 합니다. 트라이애슬론에 참가하기 위해서 사이클 슈즈와 클릿 페달이 필수인 것은 아닙니다. 평페달에 일반 운동화를 신고 대회에 참가하여도 문제없습니다. 하지만 올림픽 코스를 넘어서는 중장거리 레이스에 참가할 계획이라면 클릿을 장착하는 것을 추천합니다.

클릿은 사이클 슈즈와 클릿 페달을 결착하여 페달링에서 발생할 수 있는 불필요한 에너지 손실을 방지하고 최적화된 위치에 지속적으로 힘을 가할 수 있도록 해줍니다. 또한 무릎이나 대퇴사근, 발목 염좌 등의 부상을 방지해주는 효과 또한 있습니다. 그리고 클릿 없이 그냥 페달링을 한다면 페달이 6시에서 12시 방향으로 이동하는 과정에서 우리는 아무런 힘을 부여할 수 없지만, 클릿을 착용하면 아래에서 위로 올라오면서 당겨주는 힘도 사용할 수 있습니다.

클릿 또한 구동계와 마찬가지로 여러 브랜드에서 제품을 내놓고 있습니다. 대표적으로 시마노(Shimano), 룩(LOOK), 와후 스피드플레이(Wahoo Speedplay), 타임(TIME) 등의 브랜드가 있습니다. 클릿과 클릿 페달은 타 브랜드와는 서로 호환이 되지 않으니 자신이 선호하거나 접근성이 좋은 브랜드의 클릿과 클릿 페달을 함께 고르면 되겠습니다.

사이클 전자장비

1) 사이클 컴퓨터(Cycle computer)

사이클 컴퓨터를 이용하면 현재 라이딩에 관한 정보를 수치화하여 빠르게 확인할 수 있습니다. GPS를 통해 주행거리, 주행시간을 표시해주며, 네비게이션 기능을 활용하면 지도를 띄워 방향을 안내해주는 덕분에 초행길도 문제없이 이동할 수 있습니다. 또한 속도계, 파워미터, 고도계 등의 부가 센서를 통해 획득한 정보도 사이클 컴퓨터 화면을 통해 한눈에 볼 수 있습니다.

2) 속도 센서, 케이던스 센서

자동차에는 속도계가 있는데 자전거는 현재 나의 속도를 어떻게 알 수 있을까요? 자전거에도 이런 궁금증을 해소해 줄 수 있는 장비가 있습니다. 바로 속도와 케이던스 센서를 자전거에 부착하면 됩니다. 라이딩 시 속도와 페달 케이던스(분당 회전수)를 파악하면 현재 나의 사이클링 수준을 객관적으로 확인할 수 있고 보다 효과적인 트레이닝 계획을 세우는 데 도움이 됩니다. 속도계는 자전거 휠 둘레와 휠 회전시간을 계산하여 움직이고 있는 자전거의 속도를 보여주는 장비입니다. 케이던스 측정 장비는 크랭크 암에 케이던스 센서를 부착하여 분당 크랭크암 회전수를 측정합니다. 관련 브랜드에는 가민(Garmin), 와후(Wahoo), 캣아이(CATEYE) 등이 있습니다.

3) 심박계(Heartrate monitor)

속도 센서나 케이던스 센서를 통해 자전거의 현재 상태를 알 수 있다면 심박계를 통해서 자전거를 타고 있는 라이더의 현재 상태도 알아볼 수 있습니다. 예를 들어 똑같이 시속 30km/h로 이동하더라도 순풍인 상태에서와 역풍인 상태에서 라이더의 상태는 극히 다를 것입니다. 이때 심박계를 통해서 라이딩 환경에 따른 본인의 신체 상태를 정량적으로 확인할 수 있는 것이죠. 심박계를 이용하면 유산소-무산소 운동 영역, 심박존(Heartrate Zone), 최대 심박, VO_2 Max(최대산소섭취량) 등을 보다 수월하게 측정하여 본인의 신체 능력 개선을 위한 효율적인 훈련을 진행할 수 있습니다.

가민(Garmin), 폴라(POLAR), 순토(Suunto) 등의 브랜드는 정확한 심박 측정을 위해 가슴둘레에 장착하는 심박벨트 제품을 갖추고 있으며 손목을 통해 심박을 측정할 수 있는 스포츠 시계 제품도 갖추고 있습니다.

4) 파워미터(Power meter)

심박계와 더불어 라이더의 노력의 정도를 객관적 수치로 알려주는 장비가 파워미터입니다. 라이더가 페달링을 할 때 발생하는 힘, 즉 출력

(watt)을 측정해주며, 이를 통해 효율적인 페이스 유지와 피로 관리에 도움을 줍니다. 특히 트라이애슬론에서 일정한 파워를 유지하여 지구력을 극대화하는 훈련에는 필수입니다.

파워미터를 사용하면 보다 구체적인 훈련 계획을 세우거나 체력 분석을 통해 성공적인 레이스를 달성하는 데 도움이 될 수 있지만 다소 높은 가격대가 장벽이라고 할 수 있겠습니다. 파워미터는 파워를 측정하는 위치에 따라 여러 가지 타입이 있는데 크랭크(스파이더) 타입, 페달 타입, 크랭크암 타입 등이 있습니다.

▌에어로 헬멧(Aero helmet)

하프 아이언맨 코스나 풀 아이언맨 코스에서는 90km, 180km나 되는 긴 사이클 코스를 완주하여야 하는데 이때 공기저항을 최소화하고 에너지 효율성을 높이기 위해 에어로 헬멧을 착용합니다.

에어로 헬멧은 라이딩 중 머리에 가해지는 공기 저항을 줄이기 위해 매끄럽게 디자인되어 있으며 헬멧 뒤편은 뒤로 흘러나간 공기에서 와류가 생기는 것을 방지하기 위해 꼬리처럼 길게 늘어나 있습니다. 또한 공기저항을 더욱 줄이기 위해서 고글의 렌즈가 헬멧에 부착되어 있는 일체형 에어로 헬멧도 있습니다. 이렇게 에어로 헬멧은 공기 흐름을 최적화하기에 고속 주행 시 유리합니다.

에어로 헬멧은 자전거 장비 중 가격 대비 에어로 효과가 가장 좋다고 하니, 조금이라도 시간을 단축하고자 한다면 제일 먼저 헬멧을 교체하는 것도 방법입니다. 하지만 에어로 헬멧에도 단점이 있으니 그것은 바로 더위에 약하다는 것입니다. 공기 저항을 줄이기 위해 통풍구를 없애다 보니 무더운 날에 착용하기에는 애로 사항이 있습니다.

▌에어로바(Aero bar)

하프 아이언맨 코스 이상의 대회를 보면 선수들이 자전거 핸들바가 아니라 더듬이처럼 길쭉하게 앞으로 튀어나온 것을 붙잡고 잔뜩 웅크린 채 레이스를 하는 모습을 보셨을 것입니다. 이렇게 웅크리는 자세를 "에어로 포지션"(Aero position)이라고 하는데 공격적인 직진자세를 유지함으로써 공기저항을 최소화할 수 있습니다.

보통 로드사이클 핸들바는 U자형의 드롭바를 사용하는데, 이 드롭바 상단에 에어로바를 부착하여 에어로 포지션을 취할 수 있습니다. 혹은 드롭바가 아닌 일체형 에어로 핸들바를 설치할 수도 있습니다.

에어로 포지션을 취하면 신체 무게중심을 상체 윗부분과 앞바퀴 쪽으로 옮기면서 앞으로 나아가고자 하는 직진성은 강화하고 공기저항을 받는 신체 면적은 최소화할 수 있으며, 팔꿈치를 패드 위에 올려 기댈 수 있기에 어깨, 팔꿈치, 손목 등의 관절과 주변 근육에 휴식을 취할 수 있도록 도와줍니다.

하지만 에어로 포지션 중에는 브레이크를 잡기가 어렵고 방향을 전환하는 조향력이 떨어지는 단점이 있습니다. 그리고 에어로바를 잡은 상태에서 커브 구간에 돌입하면 매우 위험하니 커브 구간에서는 반드시 브레이크에 손을 두어 언제든지 멈출 수 있도록 해야 합니다.

3 기타 사이클 장비

앞서 살펴본 사이클 장비만 갖추더라도 여러분은 트라이애슬론 사이클 종목을 충분히 완주할 수 있습니다.

아래에서는 트라이애슬론 대회에 참가하지 않더라도 평소 라이딩을 즐기거나 훈련을 위해 필요한 장비를 소개합니다. 사이클은 그 장비와 부품이 다양하기 때문에 자전거와 친해지고 라이딩에 재미를 붙여가면서 필요한 장비를 하나둘 추가하거나 바꿔 가면 되겠습니다.

▌ 사이클 전용 의류

사이클 선수가 아니더라도 사이클을 즐기는 많은 사람들이 레슬링 선수가 입을 법한 타이즈 바지를 입고 있는 것을 볼 수 있습니다. 바지뿐만 아니라 상의 또한 몸에 쫙 달라붙는 것을 입고 있죠. 사이클에 대해서 전혀 모르는 사람들이 보기에는 이해할 수 없는 복장일 수도 있습니다. 하지만 이러한 복장에도 다 이유는 있습니다.

사이클 전용 의류라 하면 사이클 저지에 해당하는 상의와 빕숏(Bib shorts)이라 부르는 하의가 있습니다.

사이클 의류는 몸에 타이트하게 달라붙어 공기 저항을 줄이는 데 그 목적이 있습니다. 사이클 저지 등판 부분에는 입구 부분이 밴딩 처리된 주머니가 있어서 에너지젤이나 에너지바 등의 보충식이나 카드, 현금 등을 넣어둘 수 있습니다. 또한 사이클 저지는 빠르게 땀을 흡수하고 건조시키는 기능성 원단으로 제작되어 쾌적한 환경에서 사이클을 즐길 수 있게 해줍니다.

빕숏은 멜빵바지처럼 어깨 위를 두르는 스트랩이 달려있어 바지가 고정되고 격렬한 움직임에도 흘러내리지 않는 장점이 있습니다. 빕숏 또한 그 소재와 기능에 따라 다양한 가격대를 구성하고 있으며 쿠션 패드의 기능 또한 빕숏을 선택할 때 중요한 고려 요소 중 하나입니다.

▌ 사이클 장갑

여름에는 통풍을 위해 손가락이 보이는 반장갑을, 겨울에는 보온을 위한 긴 장갑을 선택할 수 있습니다. 장갑은 땀이 핸들바 상단이나 후드까지 흘러내리는 것을 막아주고, 미끄러져 핸들을 놓치는 사고를 예방할 수 있습니다. 그리고 혹시나 라이딩 도중에 넘어져 자전거에서 떨어지더라도 손가락, 손바닥 등에 부상이 발생하는 것을 줄일 수 있습니다.

전조등과 후미등

퇴근 후 라이딩을 즐기거나 한 낮의 뜨거운 태양을 피하기 위해서 한 밤이나 새벽에 라이딩을 즐길 수도 있습니다. 야간에 라이딩을 할 경우에는 반드시 자전거에 전조등과 후미등을 부착하여 시야를 확보하고 상대방에게 나의 위치를 알려야 합니다.

전조등은 건전지 혹은 USB 충전으로 작동하는 제품들이 있으며 충분히 밝으며 지속 시간이 긴 제품을 선택하는 것이 좋습니다. 후미등은 자동차 후미등과 마찬가지로 대부분 빨간색을 띠고 있으며, 항시 빨간빛을 내보내거나 짧게 깜빡이면서 위치를 알리는 등 여러 가지 동작을 가지고 있습니다.

전조등과 후미등은 상대방의 안전을 위해서도 필요하지만 나의 안전을 위해서도 반드시 필요하니 야간 라이딩 시에는 반드시 챙기도록 합시다.

실내 트레이닝 장비

여건상 야외에서 라이딩을 즐기는 것이 어려운 상황도 있습니다. 출퇴근 시간이 정해진 직장인, 학교에 가야 하는 학생처럼 평일에 야외에서 라이딩을 즐기는 데 어려움이 있거나, 주변에 마음 편히 자전거를 탈수 있는 도로가 없다든지 한여름, 장마철, 한겨울처럼 계절상 야외 자전거를 타기 어려운 경우도 있습니다.

이럴 때 헬스장 러닝머신에서 러닝을 하듯이 본인의 자전거를 이용하여 실내에서 라이딩을 즐길 수 있는 방법이 있습니다. 바로 바이크 트레이너(Bike trainer)를 사용하는 것이죠! 국내에서는 바이크 트레이너라는 표현 대신 "로라"라고 많이들 부르는데 아래에서는 편의상 로라로 부르겠습니다.

1) 평로라

평로라는 세 개의 커다란 드럼이 각각 프론트휠과 리어휠에 위치하고 있고 이 위에 자전거를 올려 스스로 중심을 잡으면서 라이딩을 할 수 있는 장비입니다. 무동력 트레드밀과 비슷하지만 손잡이가 없고 바닥의 롤러 부분만 있는 형태라 할 수 있습니다.

평로라는 자전거 프레임을 고정하지 않고 페달링을 해야 하기 때문에 자칫 하다가는 쉽게 넘어질 수 있으니 높은 집중력과 함께 균형 감각도 잘 갖추어야 합니다.

평로라에서의 주행 형태는 야외 라이딩과 비슷하기에 본인의 페달링과 자세에 집중하기 좋고 그 모습을 촬영하여 자세를 교정하는 데 많은 도움을 받을 수 있습니다.

2) 고정 로라

자전거를 트레이너에 고정하여 라이딩할 수 있도록 하는 장비가 고정 로라입니다. 평로라에 비해 초보자도 이용하기 쉬우며 TV나 영상 등을 보면서 집중력이 분산되더라도 넘어질 염려 없이 훈련할 수 있다는 장점이 있습니다.

고정 로라는 리어 프레임을 고정하고 자력이 발생하는 모터가 뒤쪽에 위치해서 리어휠에 닿는 롤러에 부하를 발생시킵니다. 평로라와 고정 로라의 특색을 합쳐서 프론트 포크를 고정하고 리어휠을 드럼 위에 올려서 사용할 수 있는 형태도 있습니다.

평로라와 비교했을 때 실제 야외에서 라이딩하는 느낌은 부족하지만 라이딩의 강도를 조절할 수 있기에 좀 더 다양한 훈련을 실행할 수 있는 장점이 있습니다.

3) 스마트 로라

고정 로라와 같이 바이크를 고정하는 것은 동일하지만 리어휠을 빼고 스마트 로라의 스프라켓에 체인을 연결하여 사용할 수 있는 트레이너입니다. 스마트 로라는 전자장비와 연동하여 고정 로라에 비해 훨씬 다양한 훈련 환경을 만들 수 있는 장점이 있습니다. 유명 라이딩 코스를 실제로 달리는 것과 같이 오르막과 내리막을 구현하고 도로 노면 상태도 진동으로 그대로 느낄 수 있습니다. 스마트 로라를 사용하면 집에서도 아이언맨 월드 챔피언십 바이크 코스를 달려볼 수 있습니다.

TIP **바이크 피팅, 내 몸에 딱 맞는 자전거를 위해!**

자전거를 구입할 때 가장 먼저 고려할 사항으로는 예산 범위도 있지만 내 몸에 잘 맞는 자전거를 고르는 것이 중요합니다. 나의 신체 사이즈에 잘 맞는 자전거를 구매한 뒤에는 다시 내 몸에 안성맞춤이 되도록 세팅해야 합니다. 이렇게 내 몸에 딱 맞게 바이크를 세팅하는 것을 바이크 피팅(Bike fitting)이라고 합니다.

바이크 피팅이 중요한 이유는 바로 부상과 연관이 깊기 때문인데요, 바이크 피팅이 제대로 되지 않을 경우에는 허리, 무릎, 어깨, 목, 발목 등 각종 관절과 근육에 큰 부담을 주어 오히려 건강을 해칠 수도 있습니다.

내 몸에 맞는 자전거를 갖추기 위해 가장 좋은 방법은 자전거 전문 매장에서 전문가를 통해 내 신체 사이즈에 알맞은 자전거를 추천받고 피팅까지 완료하는 것입니다. 매장에 따라서 전문 피팅 장비를 갖추어 피팅 서비스를 제공하는 곳도 있으니 가능한 다양한 매장을 비교해보며 선택하는 것이 좋습니다.

자전거 매장 이외에도 첨단기술을 이용해 바이크 피팅만을 전문적으로 하는 곳도 있으니 이 곳에서 보다 입체적이고 과학적이며 편안한 피팅 서비스를 받아 볼 수도 있습니다.

4 트라이애슬론 사이클 기술

▌ 초급 사이클 기술

이제 라이딩을 위한 바이크와 기본 장비가 준비되었다면 본격적으로 직접 바이크를 타면서 라이딩 능력을 향상시킬 때입니다. 이미 많은 분들께서 자전거를 타는 방법은 알고 계시기에 곧바로 밖으로 나갈 수도 있겠지만, 그 전에 여러분이 안전하게 자전거를 탈 수 있도록 기본 지식과 기술을 알려드리겠습니다.

1) 자세(Position)

트라이애슬론 올림픽 코스에서 1.5km의 수영을 마치면 곧장 40km의 사이클 코스가 기다리고 있습니다. 이때 자전거 위에 있는 나의 몸의 위치, 자세가 편안해야 피로가 적게 쌓이며 다음 종목인 달리기에서도 좋은 결과를 낼 수가 있습니다. 그럼 어떤 자세로 자전거를 타는 것이 좋을까요?

① 팔꿈치 구부리기

만약 팔을 일자로 쭉 편 채 라이딩을 하면 노면으로부터 올라오는 모든 진동과 충격이 팔꿈치를 지나 어깨까지 그대로 올라오게 됩니다. 장거리 라이딩에서 지속적인 진동과 충격은 그 세기가 아무리 약하다 하더라도 우리 몸에 계속하여 피로를 누적시킵니다. 그러나 팔꿈치를 살짝 구부려준다면 지면에서 올라오는 진동과 충격을 스프링과 같이 팔꿈치에서 일부 흡수하기에 몸 전체에 미치는 피로를 줄일 수 있습니다. 마치 자동차의 서스펜션과 같은 역할을 우리 팔꿈치에 부여하는 것이죠.

이러한 자세를 오래 유지하기 위해서는 복근과 등근육이 받쳐주어야 하므로 코어 근육을 단단히 단련하는 것을 추천합니다.

② 안장에 안착하기

사람의 신체는 저마다 다르기에 세밀한 피팅을 통해 내 몸에 알맞은 위치를 찾아야 합니다. 이때 "안장"(Saddle)의 위치도 세밀하게 조정이 필요합니다.

안장에 앉을 때는 너무 뒤쪽에 앉거나 안장 앞쪽 코 부분에만 앉는 것이 아닌 안장의 바로 중심이나 그 중심보다 살짝 앞쪽에 좌골(안장뼈, Seat bone 또는 Sit bone)을 두는 것이 좋습니다. 안장 뒷부분에 앉아서 무게 중심을 뒤로 두는 것 보다는 중간 또는 약간 앞쪽에 둘 수 있도록 합니다. 꼬리뼈로 앉는 것이 아니며, 골반을 너무 앞쪽으로 기울여서 앉으면 회음부에 압력이 가해져서 좋지 않으니 주의 바랍니다.

사람마다 좌골의 넓이가 조금씩 다르며 남자와 여자도 좌골의 넓이가 다릅니다. 이에 따라 안장도 다양한 제품이 있습니다. 좌골의 넓이를 측정하는 전문 장비를 갖춘 피팅샵을 통해서 내 몸에 맞는 안장을 추천받을 수도 있습니다.

③ 100% 힘으로 페달링하기

페달에 가하는 힘의 손실을 최소화하면서 정확하고 온전한 힘을 페달에 전달하기 위해서는 페달링을 하고 있는 다리의 자세도 중요합니다. 올바른 페달링을 위해서는 안장 위에서 페달링을 하는 내 다리를 내려다 보았을 때, 자전거 탑튜브와 내 다리가 평행을 유지하면서 상하 수직 운동을 하고 있어야 합니다. 탑튜브를 기준으로 무릎이 바깥쪽으로 벌어져 있거나 안쪽으로 너무 달라붙어서는 안 되고, 엉덩이에서 무릎까지의 위치가 일직선이 되어야 한다는 것입니다.

④ 핸들바 위치 바꿔 잡기

브레이크 레버 후드에 손을 올린 채 장거리 라이딩을 하면 손이 저리는 문제가 발생합니다. 로드 바이크의 핸들은 대부분 드롭바가 장착되어 있는데, 이 드롭바 위에서 다양한 그립 포지션(Grip position)을 취함으로써 손 저림 현상을 최소화하는 것이 필요합니다.

드롭바는 그 위치에 따라 크게 탑, 후드(Hood), 드롭(Drop)으로 나눌 수 있습니다. 일반적으로 브레이킹과 변속을 위해 후드 부분을 잡고 라이딩을 하며 에어로바가 없을 때는 드롭바에서 에어로 포지션을 취하기 위해 드롭 부분을 잡고 라이딩을 합니다. 하지만 후드, 특히 드롭 부분을 잡고 장시간 라이딩을 하다 보면 손목이 꺾이면서 신경을 압박하여 금방 손이 저려옵니다. 이때는 탑 부분을 잡고 손목 꺾임을 완화하여 팔 저림 현상을 피하는 것이 좋습니다.

사이클을 편안히 끝내고 마지막 달리기를 준비하기 위해서는 무엇보다도 사이클 종목에서의 자세가 중요합니다. 자주 라이딩을 하며 자신의 포지션을 체크하고 불편한 곳이 있다면 지속적으로 개선해야 합니다. 완벽한 자세가 준비된다면 사이클의 절반을 시작했다고 해도 과언이 아닙니다.

2) 제동(Breaking)

대회에서 선수들의 자전거는 상당히 빠른 속력으로 움직입니다. 상위권 프로 트라이애슬론 선수들은 180km의 장거리 사이클 코스에서도 평균 45km/h의 속력을 유지하는데, 만약 이런 자전거들 사이에서 조금만 집중력이 흐트러지거나 제때 반응하지 못하면 큰 사고로 이어질 수도 있습니다. 따라서 사이클 중에는 경기에 집중하고, 주변 상황을 파악하면서 제대로 멈추기 위한 기술을 익혀 두어야 합니다.

① 브레이크는 뒷바퀴 먼저!

브레이크는 앞, 뒷바퀴에 하나씩 설치되고 브레이크 레버는 핸들바에서 양손으로 잡을 수 있게 오른쪽과 왼쪽 각각에 부착됩니다. 일반적으로 핸들바 오른쪽 브레이크 레버는 뒷바퀴 브레이크, 핸들바 왼쪽 브레이크 레버는 앞바퀴 브레이크와 연결되어 있습니다.

무엇보다 안전하게 멈추기 위해서는 뒷바퀴 브레이크를 먼저 작동시켜야 합니다. 갑자기 앞바퀴 또는 뒷바퀴 브레이크를 강하게 제동하면, 뒷바퀴가 들리면서 몸이 앞으로 튕겨 나가거나 뒷바퀴가 미끄러지며 넘어질 수도 있습니다.

적절한 제동을 위해서는 뒷바퀴에 설치된 브레이크로 먼저 감속 제동을 한 뒤 앞바퀴 브레이크를 통하여 완전히 멈추는 기술을 터득하여야 합니다. 급제동이 필요한 경우에도 무의식적으로 뒷바퀴 브레이크를 먼저 잡은 뒤 찰나에 앞바퀴 브레이크도 함께 힘껏 잡아줄 수 있을 정도로 숙달이 되어야 합니다.

② 제동 시 몸의 위치는?

앞서 말씀드린 것처럼 앞바퀴 쪽의 브레이크를 강하게 제동하는 경우 몸이 앞으로 날아가 버릴 수 있습니다. 특히 내리막길에서는 더 그렇겠죠? 제동 시에는 우리 몸의 무게 중심도 살짝 뒤로 옮겨주는 것이 좋습니다. 팔을 살짝 펴고 허리를 뒤로 살짝 빼며 무게 중심을 뒤쪽으로 둔다는 생각으로 제동을 해야 합니다. 또한 모래 등의 이물이 많은 노면 또는 젖은 노면에서 회전 시 브레이크를 잡을 경우 미끄러질 수 있으니 노면의 상태가 좋지 못할 경우에는 회전 또는 내리막길에 들어가기 이전에 충분한 감속을 해주는 것이 중요합니다.

▎중급 사이클 기술

1) 케이던스와 토크(Cadence & Torque)

페달링의 분당 회전수에 따라 케이던스형 라이딩과 토크형 라이딩으로 구분할 수 있습니다. 토크형은 고단 기어를 통해 근육의 강한 힘을 적극 사용하는 페달링을 말하며 분당 60에서 80회 정도의 페달 회전수를 갖습니다.

케이던스형은 저단 기어를 사용하여 분당 80에서 110회의 페달 회전수를 가지면서 유산소를 통해 에너지를 공급합니다. 트라이애슬론을 하시는 분들의 경우 사이클 이후 마라톤이 남아 있기에 근육 손실을 최소화하기 위하여 주로 케이던스형으로 많이 타게 됩니다.

2) 변속(Shifting)

아마 자전거를 타면서 "고단 기어", "저단 기어"라는 용어를 많이 들어보셨을 겁니다. 고단 기어는 쉽게 말하면 페달링을 더욱 뻑뻑하게 만드는, 그래서 강한 힘으로 페달을 굴려야 하는 기어를 말합니다. 당연히 케이던스가 줄어들고 근육 사용량이 많아지게 됩니다. 하지만 힘을 많이 쓰는 만큼 더 빠른 속력으로 달릴 수 있다는 장점이 있습니다. 반대로 저단 기어는 페달링을 더욱 부드럽고 가볍게 만들어주는 기어를 말합니다. 이 경우 케이던스가 늘어나고 호흡량이 증가합니다.

변속은 앞 드레일러로 체인링을 조작하고 뒤 드레일러로 스프라켓을 조작하여 다양한 조합을 만들어 냅니다. 일반적으로 큰 체인링은 평지나

내리막길에서 속력을 내기 위해 강한 힘을 전달하는 데 사용하고, 작은 체인링은 오르막길을 오를 때 가볍고 부드러운 페달링을 위해 사용합니다. 실제 라이딩 시에는 체인링 보다는 뒤 드레일러를 이용해서 스프라켓을 변속하는 것이 빠르게 변하는 라이딩 환경에 신속히 반응하기 좋습니다. 변속에 대한 감각은 글로 알기에는 한계가 있으니 직접 라이딩을 하면서 다양한 고단기어와 저단기어 사이에서 다양한 기어 조합을 느껴보고 상황에 맞는 적절한 기어비를 찾아보기를 추천합니다.

▌고급 사이클 기술

1) 코너링

자전거를 타면서 가장 많은 사고가 일어나는 구간이 바로 곡선 구간입니다. 크게 돌아가는 곡선 구간에서부터, U턴 또는 S턴으로 구성되는 급격한 헤어핀 구간도 만날 수 있습니다.

코너링, 특히 내리막에서 코너링을 할 때는 라이더의 위치와 자세, 제동력 등 라이더가 스스로 조작할 수 있는 내부적인 요소와 자전거의 속력과 기울기, 타이어 공기압, 노면 상태 등의 외부적 요소가 복합적으로 작용하기 때문에 고도의 집중력과 경험을 통해 축적된 숙련된 기술이 필요합니다. 그래서 대회 전 대회본부에서 제공한 코스맵을 통해 코스의 고저도와 커브 구간 등을 점검하도록 합니다. 여건이 된다면 사전에 해당 사이클 코스를 답사하여 최적의 라이딩 플랜을 수립할 수도 있습니다.

아래에서 안전한 코너링을 위해서 알아두면 좋을 정보를 알려드리겠습니다. 실전 라이딩을 통해서 코너링에 대한 감각을 직접 키우는 것도 중요하니 연습, 또 연습합니다.

① 노면 상태를 보면서 미리 브레이크를 잡자

커브길을 돌 때 가장 중요한 것이 바로 브레이킹입니다. 너무 약하게 브레이크를 잡아서는 안 되겠지만 그렇다고 너무 강하게 브레이크를 잡는 것도 조심해야 합니다. 비가 내려서 노면이 젖어있거나 주로에 모래가 깔려 있는 상황에서 코너를 돌면서 강하게 브레이크를 잡는다면 슬립 현상이 일어나며 넘어질 확률이 매우 높습니다. 돌멩이나 낙엽 등의 장애물을 밟아 넘어지는 경우도 많이 발생합니다. 따라서 커브길을 만나면 미리 적절한 코너링 코스를 구상하면서 해당 위치의 노면 상태, 장애물 여부 등을 예의 주시하면서 코너를 돌아야 합니다. 코너링을 할 때는 집중하여 전방 주시를 확실히 해야 한다는 점을 잊지 마세요!

그리고 브레이크는 코너링 코스에 진입하기 전에 미리 조금씩 잡아주어야 합니다. 멀리서 커브길이 보인다면 코너에 진입하기 전에 미리 조금씩 속력을 줄이다가 커브의 정점에 도달했을 때는 별도의 브레이킹 없이 그대로 통과할 수 있도록 해야 합니다.

② 코너링 때는 페달의 위치도 중요하다

오른쪽 또는 왼쪽으로 도는 코너 방향에 따라 페달의 위치를 정렬해야 합니다. 어느 정도 속력이 붙은 상황에서 코너링을 하게 되면 자전거는 돌아가는 커브 방향에 따라 바닥에 누울 정도로 기울어지게 되는데, 만약 코너를 도는 방향 쪽의 페달이 6시 방향에 위치하게 되면 페달이 바닥과 부딪히면서 자전거가 넘어질 수 있습니다. 예를 들어 오른쪽으로 커브를 돌 때 오른쪽 페달이 6시 방향에 있거나, 왼쪽으로 커브를 돌 때 왼쪽 페달이 6시 방향에 있는 경우이죠.

따라서 커브를 돌 때 인코스 쪽의 페달은 12시 방향에 두어서 지면과 페달이 닿지 않도록 한 상태로 코너링을 해야 합니다. 이와 더불어 자전거 위에 있는 우리 몸은 자전거가 기우는 방향의 반대편(아웃코스 쪽) 쪽으로 살짝 기울이면서 반대편 페달에 좀 더 무게를 실어서 무게 균형을 맞추면 안전하게 커브를 돌 수 있습니다.

③ 코너링 궤적을 미리 그리자

커브 구간에 진입하기 전에 미리 라이닝(Lining)을 해서 최적의 코너링으로 커브를 빠져나가야 시간을 단축할 수 있습니다. "라이닝"이란 자전거가 지나갈 궤적을 머릿속으로 그려보면서 정해두는 것으로, 커브 구간의 곡선 형태에 따라 각기 다른 라이닝을 설정해 주어야 합니다. 적절한 라이닝 설정을 위해서는 다음과 같은 사항을 고려해야 합니다.

- 자전거가 코너로 들어가기 시작하는 지점과 현재 속력
- 최대 커브 구간과 핸들 터닝 포인트
- 코너링이 끝나는 지점과 해당 지점에서의 가속력

코너링의 기본은 "Out-In-Out"이라는 것을 기억해두고 커브 크기, 도로의 너비 등을 파악하면서 라이닝을 설정합니다.

2) 페달링

올바르지 못한 페달링의 특징 중 하나는 단순히 페달을 수직으로 찍어 누르는 느낌으로 밟는 것입니다. 이런 식의 페달링은 무릎에 많은 부담을 주어 인대 손상 등의 부상을 일으킬 가능성이 높습니다.

올바르고 효율적인 페달링은 페달이 어느 방향에 있던지 동일한 힘을 주는 것입니다. 예를 들어 페달을 일종의 전자체중계로 생각했을 때 페달이 어느 위치에서건 동일한 값이 나오도록 일정한 힘을 가해준다는 생각으로, 둥글게 원을 그리며 페달링을 해주는 것입니다. 물론 실제 힘의 양을 측정해 보았을 때 대퇴사두근을 이용하는 1시부터 3시 사이의 눌러주는 힘이 가장 크겠지만, 근육의 크기와 상관없이 적당한 힘을 페달에 전달해줌으로써 다양한 근육을 사용하고 근육 피로도를 줄이는 이점을 얻을 수 있습니다.

이번에는 이미지트레이닝을 한 번 해볼까요? 1시부터 3시까지는 아래쪽을 향하는 느낌, 5시부터 7시까지는 신발바닥에 껌이 붙어 아스팔트 바닥에 껌을 떼려는 느낌, 8시부터 11시까지는 무릎을 가슴으로 끌어올린다는 느낌을 지속적으로 연결해주며 페달링을 해보는 것입니다. 끌어올리는 힘은 누르는 힘의 5~10%에 불과하지만 작은 근육을 사용함으로써 큰 힘을 내야 하는 큰 근육이 쉴 수 있는 시간을 얻을 수 있습니다. 비어 있는 3시부터 5시, 11시부터 1시까지는 페달에 가볍게 발은 얹어두고 원심력에 의해 스스로 굴러가도록 하여 조금이나마 근육 전체를 쉴 수 있도록 활용합니다.

처음에는 여러 종류의 느낌을 느끼기 어려우니 케이던스를 낮추어 천천히 페달링을 해주면서 각 위치별 페달링에 대해서 조금씩 익숙해진 뒤 서서히 케이던스를 증가하여 연습을 합니다.

가장 중요한 것은 힘은 쓰되 힘은 들지 않는(?) 가볍고 부드러운 페달링이 되어야 한다는 것입니다. 즉 많은 부하와 함께 눌러준다는 느낌보다는 가볍게 살며시 눌러주는 페달링을 해준다는 느낌이 기본 전제가 되어야 합니다. 이렇게 회전력을 이용한 가벼운 페달링을 바탕으로 라이딩을 한다면 심폐지구력을 강화할 수 있으며 유산소 운동을 통하여 피로 누적을 방지할 수 있습니다. 적절한 페달링을 하지 못하여 많은 부하를 주는 근력 위주의 라이딩을 한다면 금방 지치기 쉽습니다.

TIP 사이클 슈즈를 미리 장착해두자

일반 동호인부에서는 조금 부담스러울 수도 있겠지만, 대부분의 프로 선수들 또는 기록을 목표로 하시는 분들은 수영이 끝난 후 바꿈터에서 사이클화를 착용하는 시간조차도 아끼기 위해 미리 사이클 페달에 클릿 슈즈를 장착해 둡니다. 그리고 클릿 슈즈가 헛돌지 않도록 고무줄을 이용해 자전거 프레임과 클릿 슈즈를 연결하여 적절히 고정해두는 것이죠. 이 덕분에 클릿 슈즈를 신는 시간을 단 몇 초라도 줄일 수 있습니다. 하지만 달리는 자전거 위에서 클릿 슈즈를 완전히 착용하는 것은 꽤 어려우니 이 또한 반복 훈련을 통해 습득하는 것이 중요합니다.

---

5 트라이애슬론 사이클 훈련

어떻게 하면 자전거를 잘 탈 수 있을지 많은 사람들이 궁금해합니다. 하지만 자전거 타는 실력을 키우는 방법은 매우 단순합니다. 바로 자전거 안장 위에 오래 앉아 있으면 된다는 것입니다! (물론 그냥 앉아 있는 것은 아니고 페달은 굴려야지요) 너무 간단한 방법이라 실망하셨나요? 하지만 가장 기초적인 것이 가장 어려운 법입니다.

▌훈련 시작에 앞서

우선 안장 위에 오래 앉아 있으려면 몸이 편해야 합니다. 그렇기 때문에 자신의 몸에 맞는 자전거 피팅을 하는 것이 매우 중요합니다. 올바른 피팅을 통해 효율적인 페달링과 최대의 힘 전달이 가능해지고, 이를 바탕으로 꾸준히 자전거를 탄다면 실력은 절로 향상될 것입니다.

또한 몸이 편해야 부상의 위험도 줄어듭니다. 자신의 신체 균형에 맞지 않은 채로 장기간 자전거를 타면 목이나 허리 디스크 발병의 위험도가 증가하고 고관절 및 무릎 연골 부상, 발목 염좌 등의 관절 부위 부상도 증가하게 됩니다.

본격적인 사이클 훈련에 앞서 자신의 몸에 맞는 바이크를 준비하고 피팅도 끝마치도록 합시다.

▌라이딩의 시작: 그룹 라이딩

오래 타는 방법이 사이클 실력 향상의 정도이자 왕도라고 할 수 있지만, 혼자 자전거를 타다 보면 쉽게 지루해지기 마련입니다. 빨리 가려거든 혼자 가고, 멀리 가려거든 함께 가라는 말 들어보셨나요? 오래, 그리고 멀리 떠나기 위해서는 그룹 라이딩을 하는 것도 좋습니다. 초보자가 홀로 100km 이상 라이딩하는 것은 결코 쉽지 않습니다. 하지만 동호회 회원들과 함께 그룹 라이딩을 한다면 홀로 타는 것보다 훨씬 재미있고 안전한 라이딩을 즐길 수 있습니다. 또한 자전거 관리, 정비, 훈련법 등 다양한 정보도 공유할 수 있습니다.

그룹 라이딩의 또 다른 장점은 그룹 내에서의 경쟁 유발로 보다 적극적인 라이딩이 자연스럽게 이루어진다는 것입니다. 경쟁 심리는 운동 실력 향상에 좋은 자극제로써 분명 여러분들의 사이클 실력을 월등히 향상시켜 줄 것입니다.

▌라이딩의 시작: 개인 라이딩

오래, 그리고 멀리 가기 위해서는 그룹 라이딩만큼 좋은 게 없겠지만 때로는 혼자 달려야 할지도 모릅니다. 하지만 요즘 시대에는 혼자 라이딩을 하더라도 남들과 경쟁하며 달릴 수 있는 환경이 구축되어 있습니다. 바로 스마트한 장비들 덕분이죠. 스마트폰 어플리케이션을 통해서 본인의 주행거리, 속력, 케이던스, 심박수 등을 체크하고 같은 코스를 달린 사람들과 실력을 비교할 수 있습니다. 사이클 액티비티와 관련된 어플로는 대표적으로 "스트라바"(Strava)라는 어플이 있습니다. 전혀 모르는 사람들과의 경쟁뿐만 아니라 매번 새로운 챌린지 목표를 수립할 수 있기에 좋은 자극제이자 훌륭한 파트너가 될 수 있습니다.

▌실내 사이클 훈련

사이클 훈련은 대부분 야외에서 진행합니다. 그러나 야외 라이딩 훈련 진행이 어려운 경우에는 실내에서도 훈련을 진행할 수 있습니다.

실내 사이클 훈련을 진행하기 위해서는 기본적으로 로라가 필요하고 추가적으로 심박계, 파워미터, 케이던스 센서 등을 갖추어서 진행하면 더 정확한 훈련 측정이 가능합니다. 스마트 로라를 사용하면 즈위프트(Zwift)라는 프로그램을 이용해 온라인에서 전 세계 사람들과 경쟁 레이스를 즐길 수 있습니다.

1) 평로라 올라타기

평로라를 처음 올라타는 순간 느끼는 감정은 '이걸 어떻게 타지...?'일 것입니다. 중심 잡기가 매우 힘들어 아슬아슬하게 페달링을 하며 중심을 잡다가 이내 넘어지기 일쑤입니다. 평로라를 안전하게 타기 위해서는 첫째, 롤러 앞, 뒤 양 끝 부분에 사이클의 휠과 수직을 이루고 있는 보조 롤러의 설치. 둘째, 평로라 전용 안전바가 설치된 곳에서 사용하는 방법이 있습니다. 집에 전용 안전바를 설치하기에는 무리가 있으니 벽 옆에 로라를 설치하고 넘어질 때 가능한 벽 쪽으로 넘어지도록 해서 기댈 수 있도록 합시다.

TIP 평로라 이용 시 꼭 주의하세요!

혹시 훈련 장소 주변에 뾰족하거나 깨지기 쉬운 물건은 없나요? 만약 넘어지는 경우 주변에 위험물이 있다면 심각한 부상을 입을 수 있으며 자칫 목숨이 위험하기도 합니다. 실제 집안 베란다에서 평로라를 타다가 넘어지면서 깨진 유리창에 찔리는 사고가 발생하는 사례도 있으니 평로라를 타기 전에는 주변에 위험한 물건이 없는지 확인하고 이용합시다.

그리고 평로라 위에서 페달링 중에는 브레이크를 잡지 않도록 합니다. 부하에 의해 자연스럽게 멈추게 되니 브레이크를 잡지 않는 것이 더 안전합니다.

처음 평로라 위에 오를 때는 한 손으로는 벽을 잡고, 다른 손으로는 바퀴가 굴러가지 않도록 브레이크를 잡습니다. 평로라에 익숙해지기 전까지는 클릿이 아닌 평페달을 사용하는 것도 좋습니다. 두 손은 핸들바

위에 살짝 얹어 놓는다는 느낌으로 핸들을 잡도록 합니다. 긴장한 탓에 핸들바에 많은 힘을 주게 되면 중심 잡기가 상당히 어렵습니다. 상체에 힘을 실어 핸들바를 누르기 보다는 안장 위 하중 비율이 70~80% 이상 되도록 만드는 것이 좋습니다.

2) 평로라 적응하기

처음 평로라 훈련을 시작할 때에는 안장 위에서 쉬지 않고 가능한 오랫동안 버티는 것이 중요합니다. 첫날 15분, 다음날 20분 그 다음날은 25분. 이런 식으로 매일매일 목표를 설정하여 최대한 평로라 위에서 내리지 않고 타는 법을 익히는 것입니다.

조금씩 익숙해지기 시작하면 자전거 핸들바 위에 수건을 올려두고 그 수건을 집어 땀 닦기를 시도해봅니다. 자연스레 한 손으로 타는 감각을 익힐 수 있습니다. 그리고 물통 케이지에서 물통을 빼는 연습도 조금씩 병행합니다. 처음에는 물통 케이지에 손을 갖다 대는 정도로 진행하다가 어느 정도 익숙해지면 물통을 빼보고, 이것도 편안해진다면 물을 마시고 다시 케이지에 넣는 과정까지 연습을 해봅니다. 이와 같은 과정을 거치고 나면 평로라 위에서도 매우 안정적이고 여유롭게 훈련을 진행할 수 있을 것입니다.

3) 인터벌 훈련

"인터벌"이란 부하 운동으로써 일정한 시간 동안 고강도의 부하와 짧은 회복을 지속적으로 반복하는 훈련입니다. 이를 통해 심폐기능, 근지구력 등 운동 기능을 향상시키는 훈련입니다. 사이클 인터벌 훈련에서 부하는 여러 가지 종류가 될 수 있습니다. 페달링의 속력인 케이던스가 기준이 될 수 있고, 파워 측정이 가능할 경우에는 파워 수치를 기준으로 설정할 수 있으며, 파워 측정이 어렵다면 기어비를 이용하여 부하 강도를 조절할 수 있습니다. 또한 심박수 측정을 통해 일정 시간 동안의 강한 심박 부하와 휴식을 반복하면서 부하 정도를 조절할 수 있으며, 호흡 차단을 통한 제한적인 산소 흡입을 실시하는 것 또한 하나의 부하가 될 수 있습니다. 인터벌 훈련은 신체에 많은 부담을 주지만 운동 퍼포먼스 향상을 위해서는 꼭 필요한 훈련입니다. 현재 본인의 신체 상태에 따라 인터벌 훈련도 적절히 수행하는 것을 추천드립니다.

4) 케이던스 훈련

케이던스 훈련은 매 분당 페달링의 횟수를 일정하게 증가시키는 훈련입니다. 케이던스를 올릴 경우, 유산소 호흡을 통한 에너지 공급 비중을 증가시켜 근육에 가해지는 부하를 줄일 수 있는 효과가 있습니다. 근육에 부하를 줄이게 되면, 추후 러닝 시 조금 더 편한 경기를 할 수 있습니다. 예를 들어 다음과 같은 방식으로 훈련을 구성할 수 있습니다.

① 1분간 케이던스 130~140을 유지할 수 있는 기어비를 찾는다.

② 해당 기어비를 고정하고, 케이던스 120으로 훈련한다.

③ (1분 대시＋30초 휴식) × 5~10세트 반복한다. 휴식은 동일 기어비에서 케이던스 60 내외로 페달링하면서 휴식한다.

④ 상기 훈련이 여유로워질 경우, 대쉬의 시간을 늘린다(근지구력을 상승시키고 싶은 경우. 기어비를 올린다).

위 훈련이 익숙해지면 기어비를 한층 더 무겁게 하여 케이던스와 근지구력을 동시에 강화하는 훈련으로 변경하거나 케이던스를 140으로 유지해서 케이던스를 더욱 강화하는 방법으로도 바꿀 수 있습니다.

5) 근지구력 강화 훈련

근지구력 강화 훈련은 로라 훈련을 통해 가장 많이 이루어져야 하는 훈련입니다. 근지구력 강화 훈련을 통하여 본인 에너지의 효율적인 사용과 중장거리를 소화할 수 있는 능력을 기를 수 있습니다.

① 케이던스 90에서 110을 유지하면서 3분에서 5분 이상 페달링 할 수 있는 수준으로 세팅한다.

② (3~5분 대시 + 1분 휴식) × 5~10세트 반복한다. 휴식은 동일 기어비에서 케이던스 60 내외로 페달링하면서 휴식한다.

③ 위 훈련이 여유로워질 경우, 대시 또는 휴식의 시간 비중을 조절하거나 반복 횟수, 기어비 등을 조정하여 부하와 휴식의 정도에 변화를 주며 훈련량을 늘린다.

6) 스프린트(최대 파워) 훈련

스프린트 훈련은 스피드 경쟁 본능을 만족시키기 위한 훈련입니다. 투르 드 프랑스(Tour de France) 등의 사이클 경주 대회를 보았을 때 마지막 500m 지점에서 프로선수들이 뿜어내는 것과 같은 폭발적인 힘을 갖출 수 있는 훈련입니다.

① 1분간 온 힘을 다해서 페달링이 가능한 기어비를 찾는다. 이때 케이던스는 80에서 110을 유지할 수 있어야 한다.

② 그 기어비에서 뒷 기어를 1~2단계 가볍게 세팅한다.

③ (1분 대시 + 1분 휴식) × 5~10세트 반복한다. 휴식은 완전 휴식에 가까울 정도로 편하게 기어 및 케이던스를 조절한다.

④ 상기 훈련이 여유로워질 경우, 세트를 늘리거나 기어비를 무겁게 한다. 근지구력 상승이 필요한 경우에는 대쉬 시간을 10초씩 늘린다.

지금까지 인터벌, 케이던스, 근지구력, 스프린트 강화 훈련법에 대해서 알아보았습니다. 스스로 훈련법을 만들어가며 연구를 하다 보면 자신의 라이딩 스타일을 찾을 수 있습니다. 자신의 강점과 약점을 파악하여 강점은 더욱 강화하고 약점은 보완할 수 있도록 훈련하면 더욱 멋진 트라이애슬릿이 될 수 있을 것입니다!

근전환

근전환의 필요성

트라이애슬론은 세 가지 종목으로 이루어져 있습니다. 이제 이 설명은 여러분에게 너무 식상한가요? 세 가지 각기 다른 운동이 연달아 있기에 각 종목별로 사용되는 근육도 다릅니다. 때문에 경기 중 종목별로 사용되는 근육의 전환. 즉 근전환이 얼마나 효율적으로 이뤄지느냐에 따라 경기 결과에 많은 차이를 가져올 수 있고 완주 여부도 결정지을 수 있습니다.

예를 들어 사이클에서 러닝으로 종목을 전환할 때 1시간이 넘는 시간 동안 안장에 앉아 고정적인 자세로 사이클을 타다가 달리기를 시작하게 되면, 갑작스러운 달리기 근육 사용으로 근육 경련이 발생할 가능성이 높습니다. 다행히 경련이 나지 않더라도 장시간 라이딩에 의해 고정되고 경직되어있던 골반이 러닝 자세에 부정적인 영향을 미치고 통증을 유발할 수 있습니다. 결국 자신이 가진 역량을 모두 발휘하지 못하게 되는 거죠. 그래서 우리 신체가 사이클 종목이 끝난 후 러닝 종목으로 전환되면서 빠르게 적응하고 더욱 강한 힘을 끌어낼 수 있도록 하는 근전환 훈련이 필요합니다.

근전환 훈련

다음은 근전환 훈련의 요령과 예시입니다.

1) 수영 → 사이클 전환 훈련

수영에서 사이클로 전환할 때는 근전환 훈련이 크게 필요하지는 않습니다. 보통 트라이애슬론 대회에서 수영 중에는 다리를 가볍게 사용하는 경우가 많으므로 수영을 통해서 하체 근육은 이미 사이클 종목에 알맞게 풀려있는 경우가 많습니다. 혹시 수영 중 발차기를 거의 사용하지 않았을 경우에는 마지막 50~100m를 앞두고 짧지만 빠르게 발차기를 해주면서 하체 근육을 풀어주도록 합니다. 이러한 방법으로 사이클로 근전환 하는 데 익숙해질 수 있고 젖산의 축적을 더디게 할 수 있습니다.

2) 사이클 → 러닝 전환 훈련

실제로 사이클에서 달리기로의 근전환 훈련이 근전환 훈련의 전부라고 말할 수 있습니다. 이 훈련을 통하여 러닝 초반에 겪게 되는 고통의 순간을 줄이고 자신의 역량을 최대한 단시간 내에 발휘할 수 있습니다. 야외에서 라이딩을 마친 뒤 곧바로 러닝을 하는 방법이 좋겠지만 자전거 보관의 문제가 해결되기 어렵다면 실내 피트니스 센터에서 훈련하는 방법도 있습니다. 트레드밀 옆에 로라를 설치해두고 사이클과 러닝을 반복하며 훈련을 진행할 수 있습니다. 사이클 설치가 어렵다면 스피닝 바이크 등을 활용해도 좋습니다. 근전환 훈련이 너무 힘든 경우에는 사이클 후 빠르게 걷기부터 시작하는 것도 좋습니다.

근전환 훈련은 사이클과 러닝을 짧게 수행하되 여러 세트를 반복하는 방법으로 진행합니다. 예를 들어 15분 사이클을 진행한 뒤 곧바로 10분 달리기를 1세트로 해서 여러 번 반복하는 것이죠. 사이클과 러닝의 종목별 훈련 부하는 여러 번 반복을 통해 적절한 사점을 찾아내도록 합니다.

CHAPTER 03   트라이애슬론: 러닝

1   러닝 장비

달리기쯤이야 반팔, 반바지에 운동화만 있으면 충분한 것 아니냐고 생각하실 수도 있지만 우리는 일반적인 러닝이 아니라 앞서 수영과 사이클을 끝마친 뒤 시작하는 트라이애슬론 러닝인 만큼 보다 꼼꼼하게 장비를 챙겨야 합니다. 그럼 트라이애슬론 러닝을 위한 장비에는 무엇이 있는지 알아보도록 할까요?

▌러닝화

달리기에 있어서 가장 중요한 장비는 역시 러닝화라 할 수 있습니다. 그런데 러닝화가 중요한 것은 알겠는데, 어떤 러닝화를 선택해야 하는지는 무척이나 어렵습니다. 좋아하는 브랜드의 러닝화를 선택하면 될지? 남들이 많이 신고 다니거나 추천해주는 러닝화를 선택해야 할지? 정 선택이 어렵다면 단순히 비싸거나 저렴한 가격의 러닝화를 고르면 될지 등 늘 고민이 따르게 됩니다.

좋은 러닝화에 대한 정답은 없지만 나에게 맞는 올바른 러닝화를 찾아가는 방법은 있습니다. 아래에서는 본인에게 잘 맞는 러닝화를 고르기 위해 고려해야 할 사항에 대해 알아보겠습니다.

1) 발의 모양

본인에게 알맞고 편안한 러닝화를 고르기 위해서는 우선 본인의 발 모양에 대한 이해가 필요합니다. 발 모양은 크게 발의 너비와 발바닥 아치의 깊이에 따라 구별할 수 있습니다.

발의 너비는 대체적으로 서양인들에 비해 동양인들이 넓습니다. 발바닥에 아치가 없는 경우에는 우리가 운동하기 쉽지 않다고 생각하는 평발로 분류됩니다.

운동화를 신었을 때 발의 왼쪽 또는 오른쪽에 가해지는 압박이 없으며 발 아치가 적당히 받쳐져서 발 전체가 운동화에 부드럽게 감싸지는 느낌이 드는 것이 좋습니다.

2) 자세와 걸음걸이

평소 자신이 신는 신발의 밑창을 보면 대부분 신발의 바깥쪽부터 닳아있는 것을 볼 수 있습니다. 이를 보고 '혹시 나의 걸음걸이가 잘못된 것은 아닐까?' 하는 생각을 가질 수 있지만, 바깥쪽부터 닳는 것은 인체역학적으로 정상적인 현상입니다.

① 과내전과 과외전

우리의 발은 뒤꿈치로 착지를 한 이후 발바닥 아치가 스프링 역할을 하면서 발 전체 표면을 통해 무게와 충격을 분산시켜주게 됩니다. 중립내전(Neutral Pronation)은 적절한 밸런스를 유지하며 발바닥 전체에 고르게 무게와 충격이 분산되도록 합니다. 만약 걷거나 달리면서 착지하는 발의 아치가 안쪽으로 무너지면서 발목이 안쪽으로 많이 기울어진다면 과내전(Over Pronation)에 해당합니다. 과내전의 걸음걸이는 발의 안쪽 부분을 많이 사용하게 되고 신발의 안쪽이 빨리 닳는 경향이 있습니다.

반대로 착지할 때 발목이 바깥쪽으로 많이 기울어진다면 과외전(Under Pronation)에 해당합니다. 과외전은 과내전과 반대로 신발의 바깥쪽이 빨리 닳는 경향이 있습니다.

과내전 또는 과외전에 해당하는 발목 구조를 가진 경우에는 중립내전에 비해 착지 이후 앞으로 나아가는 추진력이 다소 분산될 수 있고, 특히 발목, 무릎, 허리 등의 관절과 족저근막, 아킬레스건 등에 높은 충격이 가해지면서 각종 통증을 유발할 수 있습니다.

② 영상으로 분석하기

그럼 여러분이 달릴 때의 자세를 어떻게 확인해 볼 수 있을까요?

가장 쉬운 방법은 트레드밀 뒤에 카메라를 설치하여 자신의 뛰는 모습을 동영상으로 촬영하고 분석하는 것입니다. 슬로우 모션으로 촬영한다면 더욱 쉽게 자신의 신체 상태와 러닝 자세를 확인할 수 있습니다.

만약 여러분이 과내전 혹은 과외전이라고 해서 달리기를 포기해야 하냐고 묻는다면 제 대답은 "그럴 필요가 없다!"입니다. 수많은 러닝 브랜드들은 이러한 걸음걸이를 고려하여 과내전, 과외전 러너들을 위한 제품 라인업을 갖추고 있습니다. 일반적으로 과내전 러너를 위해서는 신발 내측에 단단한 구조물을 덧댄 안정화를, 과외전 러너들에게는 쿠셔닝이 강조된 쿠션화를 라인업으로 제공하고 있습니다.

그 밖에도 국내에서는 런너스클럽, 플릿 러너 등 러닝화 전문샵을 통해서 내 발의 모양과 걸음걸이 등을 분석하여 나에게 알맞은 러닝화를 추천받는 방법도 있습니다.

▎양말

트라이애슬론에 특화된 러닝화를 착용하거나 스프린트 코스, 올림픽 코스와 같은 짧은 거리를 달려야 하는 경우에는 양말을 신지 않고 맨발로 러닝화를 착용하고 달리더라도 특별히 문제되지 않을 수 있습니다. 그러나 하프 아이언맨 코스 이상의 레이스에 참가하는 경우에는 피부가 쓸리거나 물집이 발생할 수 있기에 가능한 양말을 착용하는 것이 좋습니다.

양말은 땀의 흡수와 배출이 빠르며 발을 단단히 감싸주어 발과 양말이 미끄러지는 것을 막아줄 수 있는 것이 좋습니다.

▎모자(Cap) or 바이저(Visor)

햇빛이 강하고 덥고 습한 환경에서 장거리를 달리는 경우에는 모자를 착용하는 것이 좋습니다. 머리 전체를 감싸는 모자 이외에도 정수리 부분은 뚫려있고 이마 쪽에 챙만 있는 바이저나 헤어밴드를 선택할 수도 있습니다.

1) 모자(Cap)

모자는 뜨겁게 내리쬐는 태양열로부터 두피를 보호할 수 있다는 장점이 있습니다. 머리의 온도가 오르는 경우 몸 전체 온도는 그대로이더라도 훨씬 덥게 느껴진다고 합니다. 반대로 두피가 시원할 경우 우리의 신체는 편안함을 느끼고 좋은 컨디션도 유지할 수 있습니다. 모자는 땀을 잘 배출하고 통풍이 잘 되는 것을 선택해야 하며 땀이나 물로 인해 모자 밴드 부분이 무거워지는 것은 피해야 합니다. 색상은 햇빛을 반사시킬 수 있는 흰색이 좋습니다.

2) 바이저(Visor)

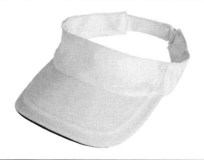

바이저는 두피 전체를 덮는 모습이 아닌 머리 둘레 밴드와 앞 챙이 있는 형태입니다. 모자에 비해 통풍이 좋으며 땀 배출도 잘 되는 장점이 있습니다. 다만 두피에 직접적으로 가해지는 열이 많다는 단점도 있습니다. 바이저도 흰색을 선택하는 것이 좋습니다.

TIP **모자, 바이저? 무엇을 고를까?**

모자와 바이저, 헤어밴드를 고르는 것은 레이스 환경과 본인의 취향에 따릅니다. 훈련이나 대회 날 상황에 따라 준비를 해야 하며 본인이 착용해보고 편한 제품을 고르면 됩니다. 여러분도 실제 착용을 해본 뒤 마음에 드는 제품을 고르시면 되겠습니다. 저는 주로 모자를 착용하는데, 보급소에서 물먹은 스펀지를 머리에 올려놓은 뒤 모자를 쓰면 시원함이 오래 가며 열을 낮추는 데 좋기 때문입니다.

█ 압박 스타킹(Calf compression sleeve)

트라이애슬론 대회에 참가한 선수들을 보면 종아리에 압박 스타킹을 착용한 모습을 쉽게 볼 수 있습니다. "카프 슬리브"라고도 부르는 이 제품은 원래 다리에 정체되어있는 혈액을 원활하게 흐르게 하기 위한 용도의 의학용품으로 개발이 되어 하지정맥류 환자들에게 사용이 되었습니다. 혈액 순환을 개선하는 효과를 바탕으로 더욱 신선한 피를 하체에 빠르게 공급해 줄 수 있다는 장점이 운동 퍼포먼스에도 도움이 된다는 연구결과가 나오게 되었고, 이를 바탕으로 운동선수에게도 이러한 압박류 제품이 널리 퍼지게 되었습니다. 또한 강한 압박을 통해 근육의 역할을 보조하면서, 무리한 근육 사용 시 나타날 수 있는 경련 현상을 방지해 주는 효과도 있습니다.

▌트라이애슬론 슈트(Triathlon suit)

트라이애슬론 슈트. 줄여서 트라이 슈트(Tri suit)라 부르는 제품은 트라이애슬론 레이스에 최적화된 의류라고 할 수 있습니다. 그냥 러닝을 한다면 반팔 티셔츠와 반바지를 입고 달리면 되겠지만 우리는 러닝에 앞서 수영과 사이클 종목을 끝내야 하는 트라이애슬론에 도전한다는 점을 잊지 말아야 합니다. 종목마다 바꿔가면서 옷을 갈아입을 수는 없기에 트라이애슬론 선수들은 레이싱 의류로 트라이 슈트를 착용합니다.

트라이 슈트는 물이나 땀에 젖어도 금방 마르는 흡습속건의 기능성 소재를 사용하고 라이딩 중에는 에어로 효과를 극대화하기 위해 몸에 착 달라붙는 디자인을 가지고 있습니다. 사이클 의류인 빕숏에 비해 얇지만 대부분의 트라이 슈트는 엉덩이 패드도 부착되어 있습니다. 원피스 형태와 상/하의가 구분된 투피스 형태의 제품이 있으며 본인의 취향이나 편리함 등을 고려하여 자신의 예산 범위 내에서 적절한 제품을 선택하면 되겠습니다.

2 어떻게 달릴까 :: 달리는 방법의 이해

트라이애슬론 대회에서 러닝은 처음 시작하는 사람과 경험이 있는 사람 모두에게 가장 힘든 종목입니다. 수영과 사이클 종목을 거치며 많은 에너지가 소모되었고 피로가 누적되었을 뿐만 아니라 아침 일출과 함께 시작했던 수영, 시원한 바람이 부는 사이클과는 다르게 태양이 가장 높게 떠 있는 시간대에 달리기가 시작되는 점도 우리를 더욱 힘들게 합니다. 마라톤에 대한 경험이 많음에도 트라이애슬론 대회에서 성취한 자신의 달리기 기록이 평소 본인의 기록과 비교하여 좋지 않은 것에 실망하는 분들을 종종 만날 수 있습니다. 그러므로 우리는 수영, 사이클, 러닝 각각을 개별 종목으로 바라볼 것이 아니라 각 종목이 유기적으로 연결되어 있다는 관점에서 레이스 운영 계획을 세우고 에너지를 분배할 필요가 있습니다.

달리기 훈련 시 대부분 실력은 곧 훈련량과 비례한다는 생각을 많이 합니다. 무작정 많이 달리는 것이지요. 하지만 달리기는 세 가지 종목 중 신체에 직접적으로 가해지는 충격과 부담이 가장 큰 만큼 쉽게 부상을 입을 수 있는 종목이기에 더 효과적인 훈련법을 배우고 습득하는 것이 실력향상과 부상예방에 큰 도움이 됩니다.

기억하세요! 무조건 오래 훈련하는 것보다 정확하게 훈련하는 것이 중요합니다.

아래에서는 달리기의 기본적인 테크닉을 설명하고자 합니다. 부상은 입지 않고, 실력은 꾸준히 향상할 수 있는 방법을 토대로 웃으며 레이스를 완주할 수 있도록 도와드리겠습니다.

▌러닝의 장점

달리기는 훈련 중 부상 위험이 크고 투자한 시간에 비하여 실력 향상은 더딘 종목입니다. 하지만 실력이 늘어날수록 다른 종목에도 많은 도움이 됩니다. 즉, 달리기 훈련만 하더라도 수영과 사이클 종목에서의 기초체력, 지구력 향상에 도움을 줄 수 있습니다. 또한 달리기를 통하여 길러진 근육은 지면의 많은 충격을 이겨내고 이를 극복함으로써 얻어진

결과물로 부상에 내성을 가진, 즉 부상으로부터 단련된 근육이라 할 수 있습니다. 그리고 이 근육들은 **빠른** 회복력을 가지고 있어 타 종목 훈련 시 부상 방지와 **빠른** 회복에 도움을 줄 수 있습니다.

▌올바른 달리기 자세

재미있는 점은 대부분의 사람들이 제각각 다양한 방식으로 달리기를 한다는 것입니다. 단순히 생각하면 달리기라는 것은 그냥 한발 한발 앞으로 내딛어 나아간다고 생각할 수 있지만 자세히 들여다보면 그 과정에는 수많은 신체 메커니즘이 작용하고 있으며 그중에서도 가장 효율적이고 **빠른** 자세가 있다는 것입니다.

그렇다면 어떻게 달리는 것이 효율적이고 올바른 방법이라고 할 수 있을까요? 그 답은 이미 여러분 모두가 가지고 있습니다. 무슨 말이냐고요? 그렇다면 지금 잠시 책을 내려놓고 신발을 벗어 맨발로 가볍게 달리고 와봅시다. 평소 신발을 신고 달릴 때와는 조금 다른 것이 느껴지나요? 신발을 신고 뛰는 때와 맨발로 뛰는 경우를 때와 비교했을 때 가장 큰 차이점은 바로 발꿈치에 있습니다.

일반적으로 신발을 신고 뛰는 경우에는 발뒤꿈치부터 땅에 닿고 서서히 앞쪽 발가락 부분으로 하중이 이동하지만, 맨발로 달릴 때에는 발볼 부분이 먼저 닿으며 발뒤꿈치는 땅에 거의 닿지 않습니다. 못 믿으시겠다고요? 그럼 다시 한번 맨발로 달려 볼까요? 맨발 상태에서 의식적으로 발뒤꿈치부터 착지하려고 하면 상당히 어색하다는 것을 느낄 수 있습니다. 이처럼 신발이 없는 맨발의 러닝에서 가장 효율적인 러닝 자세를 생각해볼 수 있습니다. 발뒤꿈치부터 땅에 닿기 위해서는 무릎을 쭉 편 뒤 일직선으로 만들어서 착지해야 하는데 이렇게 되면 관절은 충격 흡수라는 제 역할을 하지 못하고 지면으로부터 받는 충격을 발목과 무릎, 골반을 지나 허리와 상체까지 그대로 전달합니다. 하지만 발볼부터 지면에 닿는다면 우리는 종아리 근육부터 충분히 사용하며 관절과 둔근을 통해 충격을 흡수하고 아킬레스건의 탄성까지 활용하여 스프링과 같은 반발 에너지로 사용할 수 있습니다. 여러분 모두 어떻게 하면 가장 효율적으로 달릴 수 있는지를 본능적으로 알고 있으니 이를 100% 활용해야 합니다.

1) 달리기의 기본자세

만약 여러분들이 현재 달리기 경험이 많이 쌓여 있으면서 부상도 입지 않고 달리기를 즐기고 있다면 여러분들의 달리기 자세도 나쁘지는 않습니다. 하지만 보다 적은 에너지로 효율적으로 달리면서 더 먼 거리를 더 빠르게, 부상 없이 달리고 싶다면 바람직한 자세를 익혀야 합니다.

① 시선

살짝 턱을 당겨 15~20m 전방을 바라보도록 합니다. 허공이나 발아래 바닥을 보면서 달리는 것은 바람직하지 않습니다. 달리기 중 숨이 차고 힘들어지면 점점 턱이 올라가고 머리가 뒤로 젖혀지는데, 이때 의식적으로라도 턱을 당겨서 숨쉬기 편하게 기도를 확보해 주도록 합니다.

② 상체

몸은 긴장을 풀고 편안하게 유지합니다. 정수리를 잡아 올린다는 느낌으로 가슴은 열고 허리를 꼿꼿이 세워줍니다. 이 상태에서 10~15도 정도 살짝 앞으로 기울여 줍니다. 무게중심을 살짝 앞으로 두면서 자연스레 앞으로 나아가도록 합니다. 어깨와 목은 최대한 자연스럽게 움직일수 있도록 힘을 빼줍니다.

③ 손

양손은 가볍게 주먹 쥐어주고 이때 주먹의 윗부분이 위를 향하도록 살짝 세워줌으로써 손목이 아래로 쳐지는 것을 방지합니다.

④ 팔

달릴 때 팔은 좌, 우로 흔드는 것이 아니라 팔꿈치를 90도로 구부린 상태에서 11자의 형태로 앞뒤로 움직여야 합니다. 그리고 팔이 몸 앞으로 나올 때는 몸의 중심을 가로지르면서 크로스가 되지 않도록 해야 합니다. 팔을 흔들 때는 뒤로 당긴 팔을 일부러 힘주어 앞으로 내밀 필요는 없습니다. 뒤로 당겼던 힘에 의해 다시 제자리로 돌아오기 때문입니다.

여기서 또 중요한 점은 팔을 앞뒤로 흔들어야지 위아래로 흔들지 않도록 주의해야 한다는 것입니다. 위아래로 흔든다는 것은 우리가 바닥을 향해 망치질을 할 때 팔을 위에서 아래로 흔드는 것과 같다고 생각하면 됩니다. 달리기 중 몸이 지면에 착지할 때 팔도 아래로 같이 떨어지면서 흔들리면 중력에 의해 하중이 더 실리게 되고 근육에 가해지는 충격과 피로도가 빨리 쌓이게 됩니다. 팔은 온전히 앞뒤로 움직여줌으로써 앞으로 나아가는 추진력을 얻기 위한 발판이 되어야 합니다.

⑤ 골반

골반에 전방경사가 생기면서 뒤로 빠지지 않도록 코어에 힘을 주고 앞으로 당겨줍니다. 골반이 뒤로 빠지게 되면 우리 몸의 무게 중심이 어긋나게 되고 신체의 근간이 되는 코어 근육의 손실이 커지면서 최적의 러닝 컨디션을 유지하기가 어렵습니다.

⑥ 다리

다리는 평소 자신의 걷기 습관이 나오는 경우가 많습니다. 최대한 두 발과 다리는 11자로 곧게 만들어 달리며, 수직으로 뛰어오르기보다는 앞으로 나간다는 생각으로 발을 굴러서 우리의 에너지가 상하운동이 아닌 전진운동에 온전히 사용되도록 합니다.

2) 바르지 못한 달리기 자세

바르지 못한 달리기 자세는 웅크린 가슴, 잔뜩 힘이 들어가서 경직되거나 힘이 빠져 축 쳐진 어깨, 구부러진 허리, 뒤로 빠진 엉덩이로 표현할 수 있습니다. 가만히 생각해도 바르지 못하다는 것은 느낄 수 있겠죠?

바르지 못한 자세는 상체의 힘은 사용하지 않고 오로지 하체의 추진력에만 의존하여 몸을 수동적으로 밀어내기에 더 빨리 힘이 들고 오랫동안 유지하기 어렵습니다. 즉 효율적인 러닝을 하지 못하는 것입니다.

달리기는 하체만을 사용하는 것이 아니라 코어 근력과 밸런스를 통해 상체까지 이용하는 최적화된 자세를 구현함으로써 부상을 예방하고 효율적으로 전진하는 것이 중요하다는 것을 다시 한번 떠올려야겠습니다.

▌우리가 부상을 당하는 이유

러닝은 트라이애슬론에서 가장 중요한 종목이지만, 반복적인 움직임과 신체의 부하로 인해 부상이 발생할 위험이 높습니다. 주로 발생하는 부상으로는 무릎 및 정강이 통증, 발목 염좌, 족저근막염 등이 있습니다. 이러한 부상은 주로 과도한 훈련, 부적절한 러닝 폼, 약화된 근력, 불균형한 근육 사용 등에서 기인합니다.

부상 예방을 위해서는 훈련 전 충분한 스트레칭으로 몸을 풀어주고 러닝 중에는 올바른 러닝 폼을 유지하여야 합니다. 러닝 폼 교정을 위해서는 발이 지면에 닿는 순간부터 밀어내는 동작까지 자연스럽고 효율적인 움직임을 익히는 것이 필요합니다.

근력 강화는 러닝 중 신체의 안정성을 높이는 데 도움이 됩니다. 특히 엉덩이와 허벅지 근육 및 코어 근육을 강화하면 무릎과 발목 관절에 가해지는 충격을 줄일 수 있습니다. 스쿼트, 런지, 플랭크와 같은 운동은 러너에게 필수적인 근력 강화 운동으로 권장됩니다. 또한 유연성을 높이기 위한 스트레칭과 폼롤러를 활용한 근막 이완은 근육 회복과 부상 예방에 도움이 됩니다.

끝으로 훈련량은 서서히 늘리고 고강도 훈련 뒤에는 충분한 휴식을 취하는 것이 중요합니다. 몸의 신호를 잘 관찰하며 통증이 느껴질 경우에는 즉각적인 대처로 부상을 악화시키지 않는 것이 러닝의 성과를 높이고 지속 가능한 훈련을 가능하게 합니다.

3 달리기 실력 향상을 위한 핵심 포인트 3가지

보폭(Stride)과 케이던스(Cadence)

잘 훈련된 마라토너들은 넓은 보폭으로 빠르게 발을 움직이면서 속력을 올립니다. 결국 빠르게 달리는 비법은 한 발로 뛸 수 있는 거리를 늘리고(넓은 보폭), 이 보폭을 짧은 시간에 더 많이 실현하는 것(높은 케이던스)이라고 할 수 있습니다.

하지만 넓은 보폭으로 달리기 위해서는 더 강한 힘으로 땅을 차야 합니다. 하지만 이는 근육에 과중한 부하를 일으킴으로써 더 빨리, 그리고 더 많은 체력을 소모하게 됩니다. 또한 넓은 보폭은 착지할 때 근육뿐만 아니라 발목과 무릎 등의 관절도 많은 충격을 주어 부상을 입을 확률이 더 높아집니다.

오랫동안 훈련한 엘리트 선수가 아닌 이상, 우리가 몸을 보호하며 빠르게 달리기 위해서는 보폭을 넓히는 것보다는 짧은 보폭을 유지하되 더욱 부지런히 발을 움직여서 러닝 케이던스를 높여 달리는 것이 좋습니다.

수직 진동

달리기는 앞으로 나아가는 운동입니다. 따라서 효율적인 달리기가 되기 위해서는 온전히 앞으로 나아가는 데 에너지를 사용해야 합니다. 만약 에너지를 진행 방향인 앞쪽이 아니라 뛰어오르는 위쪽으로 분산해서 사용한다면 어떻게 될까요? 똑같은 속력으로 달리더라도 위아래로 움직이는 수직 진동이 큰 사람이 더 많은 에너지를 소모하게 될 것입니다. 이처럼 몸이 위아래로 흔들리는 것은 줄이고 착지된 발에 저장된 에너지를 위로 뛰어오르는 것이 아닌 앞으로 나아가는 데 사용해야 합니다.

간단히 예를 들어 볼까요? 70㎏ 몸무게의 러너가 10㎞를 약 5cm 정도 높게 뛰어서 간다면, 그 에너지 소모량은 1톤 무게의 짐을 35cm 높이로 들어 올릴 때 소모하는 에너지량에 맞먹습니다. 만약 이 수직 진동을 절반으로 줄인다면 불필요한 에너지 소모도 절반으로 줄어듭니다. 수직으로 뛰어오르는 데 사용하는 힘을 오롯이 앞으로 나아가는 데 사용한다면 그만큼 달리는 속력은 더욱 빨라질 것입니다. 그렇다면 수직 진동은 어떻게 줄일 수 있을까요? 한발, 한발의 보폭 거리를 늘려서 달리는 스트라이드(Stride) 주법 보다는 보폭은 조금 줄이고 더 높은 케이던스로 움직이는 것이 수직 진동을 줄이는 데 유리합니다.

그리고 실제 달리는 중에는 예시로 든 것보다 더 많은 에너지를 아낄 수 있습니다. 왜냐하면 위로 높게 뛰었다가 착지할 때는 그만큼 멈춤 현상이 발생하여 속력이 떨어지고, 동시에 앞으로 나가기 위해서는 더 많은 힘을 사용해서 다시 가속을 해야 하기 때문입니다. 일종의 관성의 개념이 추가 적용되는 것이죠. 거기에 수직으로 떨어지면서 내 몸에 가해지는 충격량을 생각해 본다면 수직 진동을 줄여야 부상을 입을 가능성도 줄일 수 있습니다.

▌부상을 막는 올바른 착지

달릴 때의 올바른 착지자세에 대해서는 지금까지도 다양한 연구와 논쟁이 이어지고 있습니다. 무엇이 정답이라고 단언할 수는 없겠지만 하나 분명한 것은 내가 빠르게 달리더라도 다치지 않고 달릴 수 있는 자세를 찾아서 몸으로 익히고 이를 자연스레 구사하는 것이 중요하다는 것입니다. 만약 좋은 자세를 자연스럽게 구현하는 것이 아직 완성되지 않았다면 어떤 자세가 부상 발생 가능성을 낮추고 효율적인 러닝 메커니즘을 가져갈 수 있는지를 연구하면서 연습해나가면 좋겠습니다.

1) 발뒤꿈치 착지(Rearfoot / Heel strike)

달릴 때 발뒤꿈치부터 착지하는 모습을 상상해볼까요? 지면과 발바닥이 닿는 모습을 생각해볼 때, 발뒤꿈치부터 발가락까지 서서히 닿고 무게중심은 다시 지면을 차고 올라가기 위해서 발가락 쪽으로 이동합니다. 이러한 메커니즘은 지면에 발이 닿은 상태에서 다시 발을 들어 올려 앞으로 내딛을 때까지 많은 시간을 소비하게 됩니다. 마치 흔들의자와 같은 원리입니다.

또한 발목에 힘을 주어 발등을 위로 젖혀 올리면서 지면에 착지해야 뒤꿈치가 먼저 땅에 닿게 되는데, 이는 달리기를 멈출 때나 내리막길에서 속력을 줄이려는 자세와 매우 유사합니다. 상상이 되나요? 다시 한번 곰곰이 생각해보면 금방 이해할 수 있습니다.

위에서 설명해드린 착지법 메커니즘은 크게 4가지 손실점이 있습니다.

① 발뒤꿈치부터 닿으면서 걸리는 제동(breaking)

② 착지 이후 다시 뛰어나갈 때까지의 시간 낭비로 인한 케이던스 감소

③ 재가속을 위한 추가 에너지 손실

④ 지면으로부터 받는 충격의 분산 실패로 부상 및 피로 유발

비록 발뒤꿈치 착지법은 효율적이지는 않지만 가장 대중적이고 보편적으로 사용되는 착지 방법입니다. 처음 러닝을 시작하면 대부분 발뒤꿈치로 착지하며, 보폭이 좁고 케이던스가 낮은 경우에도 많이 나타나는 착지 방법입니다.

2) 발 앞꿈치 착지(Forefoot strike)

우리가 평소에 발 앞꿈치로 땅을 디디면서 걷거나 달리는 경우는 많지 않습니다. 언제 가장 많이 사용할까요? 발 앞꿈치 착지는 전력질주를 할 때 사용하게 됩니다. 100m 단거리 선수들의 달리기 메커니즘을 떠올려볼까요? 양팔을 힘차게 휘저으면서 큰 보폭을 유지하고 발 앞꿈치가 지면에 닿자마자 반대쪽 발을 내밀면서 달리는 모습이 떠오릅니다. 발 앞꿈치로 착지하면 지면에 닿는 시간을 줄이면서 에너지를 폭발시켜 추진력으로 사용할 수 있습니다. 하지만 짧은 순간에 에너지를 쏟아붓는 것이 아닌 오랫동안 꾸준히 에너지를 사용하는 장거리 러닝에는 크게 적합하지는 않고, 지면으로부터 받는 충격은 아킬레스건과 무릎 앞쪽 슬개골 주변부에 상당한 영향을 주기 때문에 쉽게 부상을 입을 수 있습니다. 마치 하이힐을 오랫동안 신으면 주변 인대들의 높은 긴장으로 다리가 금방 피곤해지는 것과 같습니다.

3) 중간 발 착지(Midfoot strike)

마라톤 선수들의 달리기 자세를 유심히 보면 발바닥 전체가 동시에 바닥에 닿는 것처럼 보이지만, 실제 무게 하중은 발볼을 중심으로 정중앙 또는 조금 앞부분에 많이 실려 있으며 발뒤꿈치 쪽에는 거의 무게가 실리지 않습니다.

우리의 발은 총 26개의 뼈와 33개의 관절, 그리고 백여 개가 넘는 근육과 힘줄로 이루어져 있습니다. 만약 착지를 발뒤꿈치로 한다면 지면에 부딪힐 때의 충격이 우리 몸으로 되돌아오면서 발에 있는 다른 뼈들과 근육, 힘줄에 분산되지 않고 고스란히 무릎, 골반으로 전달됩니다. 하지만 착지 시 바닥에 닿는 부분을 발바닥 앞쪽으로 바꾸면 발을 구성하고 있는 뼈와 관절, 근육 및 인대를 골고루 사용하면서 충격을 분산시키는 효과가 있습니다. 마치 자동차 내부에 다양한 충격흡수장치가 존재하는 것과 비슷한 이치입니다. 그리고 착지 시 브레이킹이 적게 걸리면서 높은 케이던스를 유지하기 쉽고, 에너지 탄성을 효율적으로 사용하는데도 유리합니다.

이러한 미드풋 주법으로 변경 시 발뒤꿈치 착지법에 비해서 느려지고 더 많은 호흡이 필요하다고 느낄 수 있습니다. 발바닥 전체가 지면에 닿도록 한다면 자연스레 보폭은 줄어들고 케이던스는 늘어나는 만큼 근육의 움직임이 많아져 더 높은 지구력이 필요하기 때문입니다. 하지만 지속적인 유산소 훈련을 통해 점차 적응을 한다면 중간 발 착지법도 어렵지 않게 구사할 수 있습니다.

TIP 실내에서 미드풋 주법 익히기

실내에서 트레드밀을 이용하여 미드풋 주법을 연습할 수 있습니다. 약 6~8도의 경사와 5~6km/h의 속력으로 세팅 후 발뒤꿈치보다는 앞꿈치로 착지한다는 생각으로 걷기를 시작하면 뒤꿈치에는 하중이 가해지지 않지만 지면에 발바닥 모든 면이 거의 동시에 닿는 것을 느낄 수 있습니다. 이러한 느낌을 살려 5~10분정도 워킹을 한 후, 0도의 경사와 8~10km/h의 속력으로 세팅 후 동일한 느낌을 살려 뛰어주는 것을 반복하다 보면 미드풋 주법에 대한 감을 잡을 수 있습니다.

---

4 트라이애슬론 러닝 훈련

러닝 훈련을 시작하기에 앞서 가장 중요한 것은 올바른 러닝 자세를 구현하는 것입니다. 올바른 자세를 익히면 부상 방지, 러닝 효율의 증대, 빠른 실력 향상 등 매우 많은 장점이 있습니다.

한편 달리기가 익숙하지 않은 상황에서 무리하게 훈련을 할 경우에는 곧바로 부상을 입는 경우가 많이 발생합니다. 항상 부상을 입지 않는 것이 빠르게 실력을 올리는 또 다른 비결임을 명심하세요!

▌달리기 전 필수 워밍업 7가지

집에서 나오자마자 곧바로 달리기에는 아직 우리 몸이 준비가 되지 않았습니다. 심장 박동을 올려서 혈액을 순환시키고 근육과 관절, 인대에도 충분한 예열이 필요합니다. 굳어 있는 근육과 뼈에 갑작스레 충격을 가하게 되면 즉각 부상으로 이어지기 때문입니다.

아래에서는 좋은 러닝 폼에도 도움이 되고 러닝에 사용하는 근육 단련에도 도움이 되는 워밍업을 소개해드립니다.

1) A스킵(A-Skip)

고관절 부근의 근육과 엉덩이 근육을 늘려주는 운동입니다.

① 시선은 정면을 향한 채 제자리에서 양발로 가볍게 뛰어오르다가 그 템포를 유지하면서 한쪽 무릎을 가슴으로 끌어올립니다.

② 끌어올린 다리가 바닥으로 내려오면 템포를 유지하면서 반대쪽 발의 무릎을 다시 가슴 높이로 끌어올립니다.

③ 달릴 때와 마찬가지로 왼발이 올라올 때는 오른손을, 오른발이 올라올 때는 왼손을 앞으로 교차하면서 움직입니다.

이때 중요한 점은 착지하는 발이 가능한 우리 몸의 중심에서 벗어나지 않고 몸 바로 아래에 닿아야 한다는 것입니다. 20m 정도 전진하면서 반복해줍니다.

2) B스킵(B-Skip)

A-Skip에서는 무릎을 위로 끌어올리기만 했다면 B-Skip은 A-Skip에서 끌어올린 다리를 착지하기 전에 앞으로 차듯이 쭉 펴면서 엉덩이와 햄스트링을 늘려준 뒤 제자리에 내려오는 방식입니다. 다리를 폈다가 그대로 바닥으로 내려온다는 점에서만 A-Skip과 차이가 있고 나머지는 동일합니다.

3) C스킵(C-Skip)

C-Skip은 A-Skip에서 가슴 높이로 끌어올린 다리가 다시 바닥에 닿았을 때 반대 발을 끌어올리는 것이 아니라, 그 발을 몸과 직각이 되도록 다시 옆구리 쪽으로 끌어올립니다. A-Skip처럼 무릎을 들어 올리는 것이 (왼발) 몸통 앞, (왼발) 왼 옆구리, (오른발) 몸통 앞, (오른발) 오른 옆구리 총 4번 들어 올리게 됩니다. 나머지는 A-Skip과 동일합니다.

4) 부트 킥(Butt Kick)

Butt Kick은 햄스트링과 엉덩이 근육에 자극을 줄 수 있습니다.

① 양팔은 90도로 구부려서 달리기와 같은 자세를 취합니다.

② 발뒤꿈치로 본인의 엉덩이를 때린다는 생각으로 무릎을 뒤로 접어 올립니다.

③ 가능한 빠르게 번갈아가면서 다리를 접어 올려서 발이 지면에 닿아 있는 시간을 최소한으로 합니다.

두 번째 동작을 변형해서 엉덩이 아래쪽을 때린다는 생각으로, 제자리에서 무릎을 앞쪽으로 끌어올리면서 접어올리는 방법도 있습니다. 홍학이 한 발로 서 있는 자세처럼 다리를 접어올린다고 상상하면 되겠습니다. 혹은 의자에 앉았을 때 의자에 닿는 엉덩이 부분을 발뒤꿈치로 맞추는 것을 상상해도 됩니다. 이때 빠르게 다리를 번갈아 움직이기 위해서는 팔도 빠르게 움직여야 합니다.

10~20m 정도 전진하면서 반복해줍니다.

5) 바운딩(Bounding)

한발 한발 보폭을 늘리면서 뛰어오릅니다. 한 마리 가젤이 되어 뛰어다니는 것처럼 가능한 높이 그리고 멀리 뛰도록 노력합니다. 이는 다리의 힘을 향상시키고 보폭을 늘리는 데 도움이 됩니다.

① 멀리뛰기에서 도움닫기를 하듯이 한쪽 발은 몸 앞으로 끌어올리고, 뒷발은 강하게 땅을 차오릅니다.
② 보폭을 너무 넓게 해서 몸보다 앞에서 착지하지 않도록 합니다. 앞발이 착지할 때는 몸 바로 아래에서 착지가 이루어지도록 합니다.
③ 착지와 동시에 뒷발을 앞으로 끌어주고 착지한 발은 스프링이라고 상상하면서 다시 강하게 땅을 차면서 뛰어오릅니다.
20m 정도 전진하면서 반복해줍니다.

6) 앵클링(Ankling)

강한 발목 힘은 달리기에 매우 많은 도움이 됩니다. 종아리와 아킬레스건 주변 근육을 자극하여 유연하고 단단한 발목을 가지도록 합시다.
① 발뒤꿈치는 바닥에 닿지 않도록 살짝 띄우고 발앞꿈치로만 착지하면서 지면에 닿음과 동시에 무릎을 살짝 구부리면서 스프링이 튀어 오르듯이 발목 힘으로 지면을 밀어줍니다.
② 최대한 무릎 아래쪽의 근육만을 사용하면서 두 발을 빠르게 번갈아가면서 움직여줍니다.
③ 무릎을 구부리지 않고 완전히 편 상태에서 움직이는 방법도 있습니다.
이 스트레칭 또한 착지는 우리 몸 바로 아래에서 이루어져야 한다는 것을 명심하세요. 10~20m 정도 전진하면서 반복해줍니다.

7) 조깅(Jogging)

본격적인 트레이닝이나 레이스에 앞서 가벼운 페이스로 달리면서 심박수와 체온을 올려주는 것이 좋습니다. 달리면서 옆 사람과 가볍게 대화를 나누더라도 숨이 차지 않을 정도의 속력으로 가벼운 마음으로 달립니다.

달리기 레벨 업을 위한 훈련

어떤 스포츠든 선수들을 성장시키기 위한 고도의 훈련이 존재하듯이 달리기에도 그냥 단순히 '달리기'만 하는 것이 아닌 다양한 훈련 방법이 있습니다. 전문 코치나 그룹 러닝을 통해서 본인의 실력에 맞는 다양한 훈련을 경험해보면 금방 익숙해질 수 있습니다.

1) 가벼운 달리기(Easy Run)

힘든 훈련 뒤 회복이나 유산소 활동을 통한 지구력 향상을 위해서는 부담 없이 가볍게 달리는 것도 중요합니다. 가벼운 달리기는 함께 달리는 사람과 대화를 나누어도 힘들지 않을 정도의 페이스로 달립니다.

또는 목표 완주 시간을 달성하기 위한 레이스 페이스가 있다면, 해당 페이스에서 1~2분 정도 천천히 달리면 되겠습니다. 가볍게 달릴 때는 페이스를 늦추고 회복에 집중하며 달리도록 신경 쓰시기 바랍니다.

2) 템포런(Tempo Run)

템포런은 일정한 페이스로 달리는 훈련방법으로 지속주, 페이스주라고도 합니다. 목표로 하는 페이스를 정해두고 일정 거리나 시간동안 이 페이스를 유지하면서 달림으로써 지구력 향상과 레이스 페이스 감각을 키우는데도 좋습니다.

전체 훈련 구성은 가벼운 조깅으로 워밍업을 한 뒤 미리 설정한 목표 페이스대로 러닝 후 다시 가벼운 조깅으로 마무리하는 방식으로 구성합니다.

템포런에서 가장 중요한 것은 훈련 구간 동안 목표 페이스를 일정하게 유지하는 것이니 처음부터 무리한 목표 페이스를 설정하기보다는 점진적인 훈련을 통해 차츰 목표 페이스와 지속 거리 또는 지속 시간을 늘려나가는 것이 좋습니다.

3) 빌드업 훈련(Build-Up Training)

빌드업 훈련은 달리는 도중에 점진적으로 페이스를 올리면서 부하를 가하는 훈련입니다. 예를 들어 30분을 달린다고 했을 때 5분마다 페이스를 10초씩 올리거나 총 10km 러닝에서 2km마다 페이스를 올리는 방식입니다. 템포런과 마찬가지로 빌드업 훈련 또한 지구력을 향상시키는 데 좋은 훈련입니다.

목표 페이스를 기준으로 느리게 시작하여 구간마다 페이스를 올린 뒤 마지막 구간에서는 목표 페이스보다 빠른 페이스로 마무리합니다.

4) 파틀렉 훈련(Fartlek Training)

파틀렉은 스웨덴어로 "스피드 플레이"를 의미하는데, 러너의 스피드와 지구력을 향상시키는 데 도움이 되는 훈련입니다. 훈련은 달리는 시간 또는 거리 구간에 따라 페이스에 변화를 주면서 달리는 방식입니다. 예를 들어 1분 빠르게 달린 뒤 1분 느리게 달리거나 3km 빠르게 달린 뒤 1km 느리게 달리는 방식으로 구성하게 됩니다. 혹은 주변 특정 지점을 목표로 설정한 뒤 해당 지점까지는 빠르게 달려갔다가 도착하면 다시 페이스를 낮추는 방법으로도 훈련할 수 있습니다. 빠르게 달리는 구간에서 만약 오르막이 나오더라도 목표 페이스를 맞추어야 하기에 더 많은 훈련부하를 가할 수도 있습니다.

5) 인터벌 훈련(Interval Training)

훈련 강도가 올라감에 따라 몸에서 필요로 하는 산소량은 점점 많아지고, 일정 단계를 넘어서면 무산소 훈련으로 바뀌게 됩니다. 무산소 운동 시 근육에 젖산이 쌓이면서 근육에 큰 부담을 주거나 피로감을 느끼게 됩니다. 이때 근육의 산소 사용량을 늘릴 수 있다면 무산소 영역으로 바뀌어 젖산이 쌓이는 시기를 최대한 늦출 수 있습니다.

고강도 반복훈련이라고도 불리는 인터벌 훈련은 우리 몸의 최대 산소 소모량 또는 무호흡 단계에 이를 정도의 강도로 짧은 시간동안 빠르게 달렸다가 아주 천천히 걷거나 제자리에서의 완전 휴식을 반복하게 됩니다. 예를 들어 최대 심박수의 90%를 넘을 정도의 전력으로 400m 내지 800m를 달린 후 충분한 휴식을 가져가면서 200m 내지 400m 구간을 걷거나, 상당 시간동안 제자리에서 휴식한 뒤 다시 전력질주를 하면서 이를 반복하는 것입니다.

인터벌 훈련은 심장의 혈액 운반 능력을 개선하고 근육의 산소 효율성을 높일 수 있는 훈련이기에 성공적인 장거리 러닝을 위해서는 반드시 수행해야 할 훈련입니다.

6) 언덕 훈련(Hill Training)

언덕 훈련은 인터벌 훈련과 마찬가지로 고강도 운동과 회복을 반복하여 수행할 수 있는 좋은 훈련입니다. 충분한 거리를 달릴 수 없는 상황인 경우에는 짧지만 고강도의 언덕 훈련을 통해 하체 근력을 단련하는 것이 좋습니다.

충분한 경사도와 거리를 갖춘 오르막길이나 언덕 등을 찾은 뒤 빠르게 오르막을 뛰어올랐다가 천천히 걸으면서 내려와 회복하는 것을 반복하게 됩니다. 이때 오르막 구간의 거리, 시간, 강도 등을 조절하면서 훈련 페이스도 정할 수 있겠으며, 아무리 힘들어도 목표한 페이스를 끝까지 유지하도록 노력하는 것이 중요합니다.

7) LSD 훈련(Long-Slow Distance Training)

LSD는 "Long Slow Distance"의 약자로, 훈련시간에 구애받지 않고 긴 거리를 지속적인 페이스로 달리는 훈련입니다. 강도는 옆 사람과 편안하게 이야기를 나눌 수 있을 정도의 부하로 달리면 됩니다.

LSD 훈련을 통해서 전반적인 체력과 지구력, 유산소 능력을 향상시킬 수 있습니다. 인터벌 훈련이 스피드 강화 훈련이라면 LSD는 지구력 향상에 적합한 훈련입니다. 또한 LSD 훈련을 통해 러닝에서의 심리적인 자신감을 얻을 수 있습니다. 멈추지 않고 20~30km는 충분히 뛸 수 있다는 자신감으로 '내가 과연 트라이애슬론 레이스를 완주할 수 있을까?'에 대한 의문과 두려움을 극복하는 데 도움이 되겠습니다.

TIP 너무 힘든 훈련은 오히려 독이 된다!

달리기 훈련은 부상 없이 속력과 지구력을 올리기 위해 수행합니다. 엘리트 선수들의 달리기 프로그램을 살펴보면 그들은 일주일에 2~3회 정도 과부하를 주는 훈련을 계획하는 것을 알 수 있습니다. 하지만 과부하 훈련에 대한 집중은 수영과 사이클에 영향을 줄 수 있을 정도의 근육 피로 누적을 일으키게 됩니다. 우리는 이런 과중한 훈련 계획이 심혈관과 골격에 부정적인 영향을 끼칠 수 있다는 것을 주의해야 합니다.

▌트라이애슬론 러닝 Tip

1) 물은 자주 적당히 섭취하기

사이클 중에는 시원한 바람이 땀을 금방 말려주기에 잘 느끼지 못하지만 사실 우리는 상당히 많은 땀을 배출합니다. 하지만 사이클 중에는 수분 섭취에 대한 신경을 쓰기가 쉽지 않습니다. 그렇다보니 사이클 이후 러닝 시작과 동시에 갈증을 느끼면서 보급소가 나타날 때마다 벌컥벌컥 물을 마시는 분들도 많습니다. 하지만 우리 몸 전체에 수분이 공급되기까지는 다소 시간이 걸리기 때문에 물을 한꺼번에 많이 마신다고 해서 곧바로 탈수 증상이 사라지는 것은 아닙니다. 따라서 바꿈터에 여분의 물통을 준비하여 종목 전환 시 적당히 물을 섭취한 뒤 출발하는 것이 좋습니다.

또한 러닝 중 보급소가 보인다면 그다지 목이 마르지 않더라도 달리기 속력을 줄이지 않으면서 테이블 위의 컵을 낚아챈 뒤 딱 한 모금 정도만 마시면서 수분을 보충해주는 것이 좋습니다. 갈증이 난다고 해서 보급소 앞에 서서 물을 크게 한 컵 들이켜게 되면 러닝을 망치기 쉽습니다. 수분은 조금씩 자주 보충해준다는 것을 잊지 마세요!

2) 온 몸에 물을 끼얹지 말자

매우 무더운 날에는 러닝 코스로 발을 들이면 누구든지 힘이 듭니다. 선수들이 저지르는 실수 중 하나가 머리와 온몸에 물을 끼얹는 것입니다. 물론 적당량의 물을 뿌려 몸의 열을 떨어트리는 것은 매우 좋은 방법입니다. 하지만 지나치게 많이 뿌리는 것은 오히려 레이스에 방해가 될 수 있습니다. 과도하게 뿌린 물은 양말과 신발까지 다 젖게 만들어 물을 머금은 무거운 상태로 달려야 할 수도 있으니 주의하세요! 물은 머리와 가슴, 등, 팔 정도를 적당히 적셔주는 정도로 뿌리는 것이 좋습니다.

3) 무더운 날 달리기 훈련 방법

무더운 여름에는 한낮에 훈련하기가 어렵습니다. 특히 습하고 무더운 날씨를 가진 우리나라의 여름 날씨라면 더더욱 어렵습니다. 자연스레 상대적으로 시원한 이른 새벽 또는 야간에 훈련을 하게 됩니다. 하지만 트라이애슬론 대회는 수영과 사이클 두 종목이 늦게 끝나면 가장 더운 시간대에 달리기를 시작해야 할 수도 있습니다. 이를 대비하여 미리 무더운 날씨와 시간대에 러닝 훈련을 해보는 것도 좋습니다. 이를 바탕으로 실제 대회 중 더위에 대처하는 방법을 배울 수 있습니다.

먼저 10km 이상의 러닝을 계획한다면 러닝 도중에 반드시 수분을 섭취할 수 있도록 대비하여야 합니다. 러닝 코스 도중에 편의점 또는 음수대가 있는 곳을 선택하는 것이 좋으며, 마땅한 장소가 없다면 물통을 넣을 수 있는 조끼나 벨트 등을 준비하여 직접 물을 챙겨들고 다니는 것이 좋습니다.

머리에 강렬한 햇빛이 바로 닿을 경우 어지럼증을 동반한 열사병 등이 발생할 수 있으니 가능한 모자를 착용해서 직사광선으로부터 머리를 보호하고, 자외선 차단 및 시야 확보를 위해 스포츠 고글을 착용하는 것이 좋습니다. 그리고 햇빛에 노출되는 피부에는 반드시 선 블록 크림을, 특히 귀 뒤와 목 뒤에 수시로 발라주어 화상을 입는 일이 없도록 해야겠습니다.

러닝이 끝난 뒤에는 많은 땀을 흘린 탓에 생수보다는 스포츠 이온 음료 또는 물에 타먹는 전해질 태블릿 등을 통하여 소모된 전해질을 보충해주는 것이 좋습니다.

러닝은 트라이애슬론의 마지막을 장식하며 여러분의 정신력과 체력이 총체적으로 발휘되는 구간입니다. 적절한 장비 선택은 효율적인 달리기를 가능하게 하며, 올바른 달리기 자세는 부상을 예방하고 에너지를 절약함으로써 퍼포먼스를 극대화합니다. 아울러 체계적인 달리기 훈련은 달리기 실력을 향상시킬 뿐만 아니라 전체 종목 기록 향상의 기반이 됩니다. 이 모든 요소가 결합될 때, 트라이애슬론은 도전의 완성과 성취의 기쁨을 선사하는 잊지 못할 경험으로 자리 잡게 됩니다.

SWIM >

CYCLE >>

RUN >>>

TRIATHLON BIBLE

03

Transition 2
정복! 트라이애슬론

CHAPTER **01** 근력 훈련

수영, 사이클, 러닝 각 종목별로 훈련을 하는 것도 중요하지만 더 좋은 기록을 내고 부상을 예방하기 위해서는 보강 훈련을 함께 하는 것이 좋습니다. 단순히 종목별 훈련을 많이 한다고 해서 실력이 향상되는 것은 아닙니다. 예를 들어, 미국의 수영 영웅 마이클 펠프스(Michael Phelps)의 뛰어난 수영 실력이 단순히 물속에서 오래 수영만 한다고 해서 만들어진 것은 아니겠죠?

이번에는 우리 신체의 전반적인 기능 향상과 근력을 강화할 수 있는 방법에 대해 알아보겠습니다. 체육관에 가지 못하더라도 맨몸 혹은 고무 밴드 등의 간단한 도구를 이용해서 언제 어디서나 수행할 수 있는 운동을 중심으로 소개해드리니 시간이 있을 때마다 틈틈이 해보도록 합시다.

▌강력한 힘을 내는 코어 근력 강화

코어 힘은 모든 운동의 근본이자 핵심이라 할 수 있습니다. 수영의 빠르고 강력한 스트로크, 사이클에서의 지속성, 러닝에서의 바른 자세를 위해서는 코어 근력이 매우 중요합니다. 아래에서는 트라이애슬론에 가장 효율적인 5가지 코어 근력 강화운동에 대해 알아보겠습니다.

1) 리버스 우드찹(Reverse Wood Chop)

장작을 패는 자세와 비슷하여 우드찹(Wood Chop)이라 불리는 운동을 역방향으로 수행하는 운동입니다. 케이블이 있는 기구 또는 고무 밴드를 이용하거나, 덤벨, 메디신 볼, 케틀벨 또는 물병으로도 수행할 수 있습니다.

① 다리는 어깨 넓이로 벌린 뒤 스쿼트 자세를 취합니다. 이때 양팔은 왼쪽 또는 오른쪽 아래를 향해 쭉 뻗습니다.

② 팔을 쭉 뻗은 상태에서 몸통을 비틀어 반대편 대각선 위로 끌어당겨 일어섭니다. 몸 중심의 코어 근육을 폭발적으로 사용한다는 생각으로 몸통을 비틀어 회전시키는 동작에 집중합니다.

③ 정점이 되었을 때 잠시 멈춘 뒤 다시 제자리로 돌아갑니다.

2) 크로스 오버 크런치(Crossover Crunch)

① 바닥에 등을 대고 누운 채 양팔과 다리를 편안하게 벌려줍니다.

② 오른손과 왼발을 동시에 들어 올린 뒤 몸의 중심에서 만나도록 합니다. 다시 제자리로 돌아온 뒤 이번에는 왼손과 오른발이 중심에서 만나도록 들어 올립니다.

이때 목에 힘을 주는 것이 아니라 복근과 척추기립근 부근에 힘을 주며 상체를 일으키도록 주의하시기 바랍니다.

3) 플러터 킥(Flutter Kicks)

① 바닥에 누운 뒤 양팔을 엉덩이 측면에 위치시켜 몸을 고정시킵니다.

② 무릎을 핀 상태에서 바닥에서 약 15~20cm 정도 다리를 들어주고 수영 발차기를 하듯이 빠르게 위아래로 움직입니다.

③ 한 세트에 약 30~60초간 진행한 뒤 휴식을 취합니다.

운동 강도를 올리고 싶다면 머리를 약간 들고 발가락을 바라보며 진행할 수 있습니다. 또는 발차기를 더 높고 빠르게 진행할 수도 있습니다. 이때에도 중요한 것은 복부에 긴장감을 유지하고 복부를 자극한다는 생각으로 운동을 해야 한다는 것입니다.

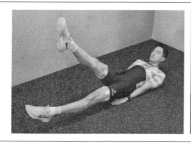

4) 송충이 자세

① 바닥에서 쉽게 미끄러질 수 있도록 마른 수건을 깔고, 그 위에 발을 올린 뒤 푸시업 자세를 취합니다.

② 다리는 곧게 편 상태에서 코어 힘으로 하체를 몸 중심으로 당기고 엉덩이를 하늘로 끌어 올립니다.

③ 다시 무릎을 곧게 편 상태 그대로 푸시업 자세로 되돌아갑니다. 이 동작을 10~12회 반복합니다.

만약 미끄러지기 어렵다면 수건 없이 직접 발을 움직여 이동하도록 합니다. 추가로 푸시업도 진행하면 가슴 근육도 동시에 자극할 수 있습니다. 여기서도 중요한 것은 복근의 수축과 이완! 운동 시에는 내가 어떤 부위를 자극하고 어떻게 움직이는지를 생각하며 온전히 그 부위를 강화할 수 있도록 집중해야 한다는 점을 잊지 마세요.

5) 플랭크(Plank)

① 푸시업 자세에서 팔꿈치를 구부려 삼각형 모양을 만든 뒤 등, 허리, 엉덩이와 다리까지 일직선이 되도록 들어 올려 버텨줍니다.

② 팔의 상박과 지면은 수직을 이룰 수 있도록 하고 두 발 또한 지면과 수직을 이루도록 앞꿈치로 버텨줍니다.

③ 몸이 일직선이 되도록 코어에 힘을 주어 버텨주어야 합니다.

플랭크는 자세에 따라 다양한 부위를 자극할 수 있으며 변환된 자세가 다양하게 있습니다. 스스로 운동 포지션을 개발하며 코어 근력을 단련하는 것도 재미를 더할 수 있는 방법입니다.

▌모든 종목에서 중요한 하체 근력 강화

1) 스쿼트(Squat)

① 다리는 11자로 어깨 넓이만큼 벌리고 섭니다.

② 투명의자에 앉는다는 상상을 하며 앉는 자세를 취합니다. 이때 중요한 점은 허벅지와 바닥이 평행하도록 해야 합니다.

③ 턱을 살짝 들어 등이 굽어지지 않도록 하고, 양 무릎은 발끝 보다 앞으로 나가지 않도록 합니다.

④ 숨을 내쉬면서 허리와 엉덩이를 조인다는 느낌으로 속도감 있게 일어섭니다. 12~15회를 1세트로 반복해 줍니다.

2) 런지(Lunge)

① 다리를 11자로 어깨 넓이만큼 벌리고 섭니다.

② 오른발을 앞으로 내딛으며 왼발 뒤꿈치를 세웁니다.

③ 상체는 곧게 편 상태에서 앞으로 나간 다리와 뒤쪽 다리의 무릎을 90도로 굽히면서 그대로 제자리에 앉는다는 느낌으로 내려갑니다. 내디딘 다리의 무릎이 발끝보다 앞으로 나가지 않도록 주의합니다.

천천히 처음 자세로 되돌아옵니다. 한쪽 다리당 15~20회씩 반복합니다.

런지에 익숙해지면 덤벨을 들고 수행하거나, 한쪽 다리를 의자나 벤치에 올려서 부하를 더 가하는 원 레그 런지(One leg lunge)를 하는 방법도 있습니다.

3) 카프 레이즈(Calf Raises)

① 양발은 11자를 만든 다음 어깨너비보다 조금 좁게 벌립니다.

② 발뒤꿈치를 들어 올리면서 종아리를 당겨줍니다.

③ 3초간 버틴 뒤 다시 내려옵니다. 12~15회 1세트로 반복해줍니다.

11자 자세에서 20회, 발끝을 안으로 모은 상태에서 20회, 발끝은 바깥으로 벌린 상태에서 20회를 1세트로 하여 종아리 주변 근육을 다양하게 자극하는 방법도 있습니다.

▎어깨 및 삼두근 강화

1) 밀리터리 프레스(Military Press)

① 바벨 또는 덤벨을 들어 올려 팔꿈치는 지면과 수직이 되도록 합니다. 집에서 한다면 물통으로도 할 수 있습니다.

② 양손을 하늘로 뻗어 올리면서 팔꿈치도 펴줍니다.

③ 천천히 제자리로 돌아옵니다. 12회 1세트로 하여 반복해줍니다.

2) 덤벨 레터럴 레이즈(Dumbbell Lateral Raises)

① 양손에 덤벨을 쥐고 들어 올려 차렷 자세를 합니다.

② 팔꿈치를 굽히지 않으면서 양팔을 벌리며 덤벨을 들어 올립니다. 이때 덤벨을 쥐고 있는 주먹의 손바닥 쪽은 바닥을 향합니다.

③ 양손을 내리면서 다시 차렷 자세로 돌아갑니다.

처음 시작은 가벼운 무게의 덤벨로 시작하고 익숙해지면 조금씩 무게를 올리는 것이 부상을 예방할 수 있습니다. 익숙해지면 1세트당 10~12회 정도 수행할 수 있는 덤벨 무게로 수행합니다.

3) 딥스(Dips)

① (플랫 벤치를 기준으로) 양손을 어깨 넓이보다 살짝 넓게 벌린 뒤 등 뒤에 위치한 플랫 벤치에 올립니다.

② 엉덩이를 플랫 벤치 아래로 내리면서 양팔로 몸의 부하를 지탱합니다. 이때 두 다리는 양팔에 충분한 힘이 들어갈 수 있도록 플랫 벤치에서 먼 곳에 둡니다.

헬스장에 딥스 머신이 있다며 딥스 머신을 사용하거나 플랫 벤치를 사용하면 되고 집에서 한다면 바닥에 고정되는 의자를 이용할 수 있습니다.

CHAPTER 02

뉴트리션

이번 챕터에서는 뉴트리션(영양)에 대해서 알아보도록 하겠습니다. 철인3종경기를 즐기는 분들과 이야기를 나누다보면 뉴트리션을 숨겨진 제4의 종목이라고도 합니다. 그만큼 대회 중 선수들의 퍼포먼스에 큰 영향을 미치기 때문입니다. 이는 트라이애슬론의 거리가 늘어날수록 그 중요도 또한 커지게 됩니다. 아이언맨 코스의 경우, 완주를 하는데 필요한 소모칼로리가 10,000kcal를 넘어가기도 합니다. 레이스 중에 에너지 보충을 제대로 해주지 않으면 완주는커녕 우리 신체가 큰 위험에 처할 수 있습니다.

▎트라이애슬론 소모 칼로리 및 에너지 섭취

트라이애슬론 레이스에서 소모하는 칼로리를 분석해 보았을 때 1시간에 약 300~400kcal를 소모한다고 합니다. 3시간을 기준으로 했을 때 대략 900~1,200kcal를 소모하게 되는 것입니다. 대회 날 아침을 먹으면서 약 2~300kcal를 섭취한다고 가정할 경우, 최소 500~600kcal는 대회 중에 공급해야 하는 것입니다.

우리는 음식을 통해서 에너지를 얻지만 레이스 도중에는 일반 식품을 섭취하기에는 어렵습니다. 그래서 선수들은 액상 젤 타입이나 젤리, 쿠키 등의 형태로 만들어진 고칼로리, 고탄수화물 보충제를 섭취합니다. 이들 보충제들을 통해서 단 3초 만에 약 100kcal를 금방 흡수할 수 있는 것이지요.

요즘은 다양한 종류의 에너지 보충 제품이 나오고 있습니다. 평소 훈련 시 다양한 에너지 보충 제품을 직접 사용해보며, 자신의 몸에 가장 잘 맞는 제품을 찾아 대회 시 탈이 나지 않도록 익숙해지도록 합니다.

평소 먹지 않던 에너지젤을 대회에서 처음으로 섭취해보았다가 탈이나 낭패를 보는 경우도 있으니 주의가 필요합니다.

TIP **카페인 함유 에너지젤**

우리가 평소에 쉽게 접하는 커피 속에는 카페인이 함유되어 있습니다. 카페인에는 여러 가지 효능이 있는데, 때때로 이러한 카페인이 운동 기록에도 도움이 됩니다.

먼저 장점으로는 각성효과를 통해서 몸의 아드레날린 분비를 촉진시키는 역할을 합니다. 아드레날린이 분비되면서 잠시나마 고통을 잊게 하기도 합니다. 또한 심박수와 혈압을 올리는 효과를 통하여 운동수행능력을 증진시키는 효과가 있습니다. 하지만 단점으로는 이뇨작용을 가지고 있어 쉽게 요의를 느끼게 되고, 경우에 따라서는 신체 내부의 수분 균형을 제대로 유지하지 못할 수도 있습니다. 심할 경우에는 탈수증세를 일으킬 수 있으며 또한 장 내부에 스트레스를 주어 복통을 유발할 수 있습니다. 따라서 카페인을 섭취할 때에는 신중하게 접근해야 합니다.

▌물의 중요성

뉴트리션에서 가장 중요한 요소는 바로 물입니다. 이는 여러 번 강조해도 지나치지 않습니다. 올림픽 코스는 큰 에너지 섭취가 없더라도 완주할 수는 있지만, 물을 마시지 못한다면 완주가 어렵습니다. 대회 시작 전에는 항상 긴장되기 때문에 수분 섭취를 잊기 쉽습니다. 따라서 바꿈터에는 항상 생수를 준비하여, 대회 중 물을 마실 수 있는 환경을 만들어주는 것이 좋습니다. 그렇다고 너무 많이 마실 경우, 화장실에 자주 가야 할 수 있으니 작은 모금으로 조금씩 자주 마셔줄 수 있도록 합니다. 웨트슈트를 입고 나서는 화장실 가기가 상당히 불편해진다는 점과 대회 시작 전 간이 화장실은 항상 붐빈다는 점을 명심하세요.

그리고 수영을 끝내고 나왔을 때에도 가능한 수분을 섭취하는 것이 좋습니다. 물속에서 수영을 하면 땀을 흘리는 것을 느끼기 어려운데, 실제로 우리 몸은 수분이 모자란 상태이지만 머리에서는 지금 갈증인지 아닌지 헷갈릴 수 있습니다. 일반 수영장에서는 수영 도중 갈증을 느끼며 물을 드시는 분들은 거의 없지만, 물 밖으로 나온 뒤에는 갈증으로 물이 생각나는 분들이 많을 것입니다. 그렇기 때문에 트라이애슬론 대회 중 수영을 마치고 바꿈터에 들어왔을 때는 꼭 물을 섭취하도록 합니다.

사이클의 경우 500~700㎖ 정도의 물통을 자전거에 거치한 뒤 조금씩 자주 나누어서 마시는 것이 좋습니다. 예를 들어서 40㎞ 사이클을 주행하면서 15분에 한 번씩 목을 축인다든지 5㎞마다 의식적으로 물을 마신다든지 하는 방법이 있습니다.

대부분 대회는 달리기 코스 중에 보급소를 설치하여 생수를 제공합니다. 매 보급소를 지날 때마다 약 반 모금(종이컵의 1/2 분량)으로 목을 축이는 정도로만 마셔주면 큰 탈수증상 없이 완주할 수 있습니다. 심한 갈증을 느낄 때 한꺼번에 물을 많이 마셔도 당장 갈증이 해소되지는 않습니다. 이러한 갈증을 느끼기 전에 미리미리 몸 속 수분을 채워주어야 합니다. 만약 매 보급소에서 많은 양의 물을 벌컥벌컥 마시다 보면 더욱 더 달리기 어려운 상태가 되니 주의하세요!

앞서 말씀드린 것처럼 사이클 중 우리는 충분히 많은 땀을 배출합니다. 다만 바람에 증발되어버리니 잘 느끼지 못할 뿐이지요. 이렇게 땀이 많이 배출된 상태에서 사이클을 끝낸 뒤 러닝을 시작해야 하는데 러닝 전 많은 물을 섭취하게 되는 경우 매 보급소마다 물을 찾게 될 가능성이 높습니다. 그만큼 러닝 기록 단축도 어려워지게 됩니다.

러닝 시작 전 신체에 충분한 수분을 머금기 위한 팁을 알려드리자면 사이클 종료 1~2㎞를 남겨두고 미리 수분을 섭취해두는 것입니다. 지금까지 사이클 주로에서 물을 조금씩 섭취해왔다면 생각보다 많은 양의 물이 남아있을 것입니다. 이 물을 사이클 종료 전에 미리 마셔두는 것입니다. 이렇게 하면 러닝 진입 전 우리 몸은 꽤 많은 수분 보충을 해둔 상태이므로 갈증은 줄어들고, 러닝 직전 수분 섭취 시 발생할 수 있는 옆구리 통증을 막아 러닝 효율성을 높일 수 있는 일석이조의 장점이 있습니다.

CHAPTER 03

생애 첫 트라이애슬론 대회

이제 모든 준비가 끝났습니다. 여러분은 이 날을 위해 열심히 훈련해왔으며 생애 첫 트라이애슬론 대회 참가 신청도 끝마쳤습니다. 여러분의 성공적인 완주를 위하여 대회 시작 전부터 골인 지점을 통과하는 순간까지 시뮬레이션을 시행해보도록 하겠습니다. 아래 내용을 따라오며 머릿속으로 상상을 해본다면 대회 당일의 긴장감도 함께 느낄 수 있을 테니 잘 따라오시길 바랍니다. 그럼 함께 가볼까요?

1 대회 전 준비

D-30일

대부분의 대회는 여러분이 거주하는 곳과는 멀리 떨어진 곳에서 개최될 것입니다. 따라서 미리 교통편과 숙박 시설을 확인해야 합니다. 교통편은 자가용으로 이동한다면 가장 좋겠지만 대중교통을 이용해야 하는 경우에는 자전거를 실을 수 있는지 확인해야 합니다. 고속버스, 기차, 비행기 등 이용 시 수하물 규정에 대해서 미리 확인해두도록 합니다.

참가자가 많은 대회의 경우 대회장과 가까운 숙박 시설은 대회 날이 다가올수록 꽉 차있을 수 있기에 미리 예약해두는 것이 좋습니다. 대회장과 가까울수록 대회 당일 아침이 여유로우며 대회를 끝마친 뒤에도 숙소에서 편하게 씻고 뒷정리를 할 수 있다는 장점이 있습니다.

▌ D-2일

이제 대회가 코앞으로 다가왔습니다. 두 달 전 참가 신청을 할 때만 하더라도 '과연 대회일이 오기는 하는 걸까?'라는 생각으로 지냈었는데 어느새 당장 눈앞으로 다가왔네요. 지금까지 꾸준히 훈련을 해오셨다면 완주는 문제없습니다. 다만 대회 전 뜻하지 않은 사건사고가 발생할 수 있으니 대회 이틀 전에는 무리한 훈련 보다는 가벼운 조깅 등으로 몸을 풀어주는 것이 좋습니다. 또한 음식으로 인해서 탈이 날수도 있으니 평소 먹던 식단대로 식사를 할 수 있도록 하고, 새로운 음식을 먹거나 자극적인 음식 및 과도한 음주 등은 피하는 게 좋습니다. 수면 또한 충분히 취함으로써 평소와 같은 컨디션을 유지할 수 있도록 합니다.

▌ D-1일

대부분의 트라이애슬론 대회는 일요일에 개최됩니다. 전날인 토요일에는 선수 등록과 대회 배번 및 물품 수령, 바이크 검차 및 입고, 수영코스 일부 개방 및 연습, 대회 설명회 등이 진행됩니다. 숙소에 일찍 도착하여 짐을 풀고 대회장을 방문하여 물품을 수령합니다. 물품 백에는 대회 안내 책자, 배번표, 자전거 및 헬멧 부착용 배번스티커, 바디 넘버링용 배번 숫자 세트, 기록측정 칩, 수모, 기념 티셔츠 등이 들어있습니다. 물품이 빠져있는 경우 대회 운영본부를 통하여 지급받을 수 있도록 합니다. 선수 등록 시 참가번호가 적힌 팔찌를 착용하는데, 대회 참가 선수임을 확인하고 바꿈터에 입장하고 본인 자전거를 확인하기 위해서 반드시 착용하고 있어야 하니 다음날 대회가 끝나고 바꿈터에서 모든 장비를 회수할 때까지 풀지 않도록 주의합니다.

　대회 물품 수령 후 자전거와 헬멧에 배번표 스티커를 부착한 뒤 검사를 받도록 합니다. 자전거는 크랙이 있는 곳은 없는지, 브레이크 제동에는 문제가 없는지 등을 검사하며 검사를 통과한 자전거에는 검차 확인 스티커를 붙여줍니다. 헬멧은 크랙 유무와 헬멧 끈의 조임 상태 등을 확인합니다. 검사가 끝난 뒤 바꿈터에 입장할 수 있으며 자신의 배번호가 표시된 거치대 위에 자전거를 거치하면 됩니다. 경우에 따라 검사를 마친 자전거는 반드시 전날이 아닌 대회 당일 아침에 거치할 수도 있으니 참가하는 대회 규정을 확인하여 본인이 편한 방안을 선택하면 됩니다. 웨트슈트, 러닝화, 에너지젤 등 기타 레이스에 필요한 물품은 대회 당일 아침에 바꿈터가 개방되었을 때 세팅하면 됩니다.

　자전거 거치 후 임시 개방된 대회 수영 코스로 가보겠습니다. 많은 사람들이 수온과 물살 적응을 위해 수영 코스를 돌아보고 있습니다. 대회 운영 측 지시에 따라 웨트슈트를 입고 또는 웨트슈트를 착용하지 않고 대회 수영 코스를 미리 경험해보기를 적극 권장합니다. 특히 오픈 워터에서의 수영 경험이 극히 부족한 분이라면 반드시 사전 수영 연습을 꼭 하시기 바랍니다. 수영 코스의 수온, 물살, 물 속 시야 등을 미리 경험한다면 대회날 수영의 두려움도 조금이나마 떨쳐낼 수 있습니다. 또한 수영 도중 코스 이탈을 방지하기 위해 코스 주변 지형과 건물 등을 살펴보며 본인의 위치를 가늠할 수 있는 포인트를 미리 눈여겨보는 것이 좋습니다.

　수영 코스까지 둘러보았다면 경기 설명회를 통해 수영, 사이클, 러닝 코스를 확인하고 몇 바퀴를 도는지도 확인합니다. 코스 숙지를 통해서 대회 당일 체력 안배 등의 전략을 짤 수 있습니다. 만약 놓친 내용이 있다면 물품 수령 시 받은 대회 안내책자 또는 대회 홈페이지를 통해서 상세 내용을 확인할 수 있으니 꼭 확인합시다.

이제 모든 준비가 끝났다면 숙소로 돌아와 저녁 식사를 한 뒤 일찍 잠자리에 들도록 합니다. 가능한 평소와 먹던 음식과 비슷하게 식사를 하며 지나치게 자극적인 음식을 섭취하지 않도록 합니다. 특히 음주는 절대 금물입니다!

잠들기 전에는 내일 있을 대회 전체 시뮬레이션을 해보는 것도 좋습니다. 하지만 과도한 긴장은 오히려 수면에 방해가 되니 마인드 컨트롤을 통해 긴장을 풀도록 합시다.

2 대회 당일 (대회장으로 출발 전)

▌바디 넘버링

참가번호 식별을 위해서 상체와 하체 각각 눈에 띄는 곳에 대회 물품으로 제공받은 바디 넘버링 스티커를 붙이거나, 유성펜으로 참가번호를 작성합니다. 불의의 사고가 날 경우 빠른 참가자 신원조회, 사진촬영 시 원활한 검색, 대회 중 자신의 에이지그룹 선수 확인 용도 등 다양한 정보 공유 목적으로 사용이 됩니다. 잊지 않고 넘버링을 해주도록 하며 아침이 바쁘다면 대회 전날 미리 해두는 것이 좋습니다.

▌배번 팔찌 확인

앞서 설명해드렸던 본인의 참가번호가 적힌 팔찌를 착용하고 있어야 합니다. 이 팔찌가 있어야만 바꿈터에 입장이 가능하므로, 대회가 끝난 후 바꿈터 내에 있는 자신의 모든 짐을 챙겨 나오기 전까지는 제거하지 않도록 합니다. 이 팔찌는 쉽게 끊어지거나 물에 녹아내리지도 않으니 의도적으로 자르거나 뜯지 않는 이상 풀릴 걱정은 안 하셔도 됩니다.

아침 식사

아침 식사는 대회 전날 미리 준비합니다. 만약 평소 본인이 먹던 식단이 있다면 그대로 준비해오는 것도 좋습니다. 대회 주변 편의점에서 해결해야 한다면 자극적이지 않은 고칼로리 제품으로 준비하는 것이 좋습니다. 빵, 죽, 땅콩잼, 에너지바 등 칼로리가 높은 식단으로 대회 당일 내야 하는 에너지를 미리 미리 축적해줍니다.

화장실 이슈 해결

웨트슈트를 입은 후에는 화장실을 이용하기가 상당히 어려우니 웨트슈트를 입기 전에 꼭 화장실에 들러서 모든(?) 생리현상을 해결할 수 있도록 합니다. 또한 대회 시작이 가까워질수록 화장실이 붐비게 된다는 점도 꼭 기억해주세요. 화장실에서 볼일을 보지 못했다는 불안감은 경기 전체에 심리적 불안감을 일으킬 수도 있으니 반드시 대회 전 화장실을 다녀오는 것이 좋습니다. 실제로 배변 습관을 아침으로 바꾸기 위해서 대회 1주일 전부터 의도적으로 아침에 볼일을 보는 방법도 있습니다.

대회장으로 일찍 출발

첫 참가자의 경우 대회장에 늦게 도착하는 실수를 할 수 있습니다. 하지만 최소 2시간 전에 도착해야 대회 시작 전 필요한 레이스 물품 준비, 바꿈터에서의 동선 재확인, 워밍업, 웨트슈트 착용 등을 준비할 수 있습니다. 경우에 따라 대회 시작 전 수영 웜업도 할 수 있어서 당일 수온과 컨디션을 확인할 수 있습니다. 그러니 대회장에는 충분한 시간을 두고 여유있게 도착하도록 합니다.

▌바꿈터에서 레이스 물품 세팅

　대회장 도착 후 바꿈터에 입장하여 당일 레이스에 필요한 장비들을 준비합니다. 준비가 완료되었으면 바꿈터에서의 동선을 이미지 트레이닝 해봅니다. 수영을 끝낸 뒤 어떻게 본인의 물품백이 있는 곳으로 돌아가고 어떠한 순서로 사이클 장비를 착용하고 나갈지, 그리고 사이클이 끝난 뒤 어떠한 순서로 장비를 벗고 러닝 준비를 한 다음 러닝 주로로 들어갈지 정도가 되겠습니다. 이 외에도 바꿈터에서는 물을 마실지 아니면 에너지젤을 먹을지, 생각보다 햇살이 강하지 않다면 모자를 벗고 달릴지 등 대회 당일 날씨라든지 컨디션 등의 변수에 따라 자신의 대회 운영에 대해서 지속적인 이미지 트레이닝을 통해서 실제상황에서도 당황하지 않도록 여러 번 반복합니다.

- **자전거 타이어 공기압 점검**
  자전거 공기압력은 주행성능에 큰 영향을 미칩니다. 대회 시작 전 공기압을 확인하여 펑크 발생 여부를 확인하고 밤새 공기압이 빠졌을 수도 있으니 적정 공기압을 유지할 수 있도록 합니다.
- **자전거 기어비 가볍게 바꿔놓기**
  수영을 마친 뒤 사이클을 타야 합니다. 사이클 출발 후 원활한 페달링이 될 수 있도록 바꿈터 거치 전 가벼운 기어비로 바꾸어두면 좋습니다.

웨트슈트 착용

수영 웝업을 위하여 웨트슈트를 입어야 합니다. 하지만 웨트슈트를 다 입고 나서 화장실을 가는 것은 상당히 번거롭기 때문에 가급적이면 착용 전에 생리현상을 모두 해결하도록 합니다.

웨트슈트를 입을 때에는 목덜미, 겨드랑이, 손목, 발목 등에 바디글라이드나 바셀린 등을 발라서 살이 쓸리지 않도록 합니다. 또한 사이클과 러닝 도중 자외선에 노출되어 경미한 화상을 입을 수 있으니 미리 선크림을 발라서 이를 방지하는 것도 좋습니다. 다만 경기 중 땀이나 물에 의해서 선크림이 눈에 들어갈 경우 두 눈이 매우 따가우니 눈 주위와 이마 부위를 제외하고 바르는 것이 좋습니다.

워밍업

바꿈터 준비와 웨트슈트 착용까지 마쳤다면 스트레칭과 함께 가볍게 조깅으로 몸을 풀어줍니다. 아침에 일찍 일어난 몸에게 곧 대회가 시작한다는 신호를 알려주어 최상의 컨디션을 만들 수 있도록 가볍고 천천히 10~15분 정도를 뛰어 줍니다. 컨디션이 좋다고 생각되는 경우 대회에서 뛸 자신의 페이스로도 짧게 뛰어보는 것도 좋습니다.

▌온 유어 마크(On Your Mark)

웨트슈트까지 착용하고 나면 다 함께 체조를 실시하고 입수를 위해 수영 출발지점으로 이동합니다. 대회마다 다른 방식으로 입수를 하게 되며 사전에 어떤 방식으로 입수를 하는지 알아두고 마음의 준비를 함으로써 실전에서는 당황하지 않도록 합니다.

그리고 출발을 알리는 에어호른 소리와 함께 여러분의 생애 첫 트라이애슬론 대회는 시작됩니다!

4 출발

많은 사람들이 동시에 시작하는 수영은 첫 대회 참가자들에게는 악몽으로 다가올 가능성이 큽니다. 따라서 반드시 오픈 워터 수영에 대한 적응과 사람들과 몸싸움을 하며 수영을 하는 환경에 대한 사전 훈련이 되어 있어야 합니다.

수영 출발은 크게 3가지 방법으로 진행됩니다. 수면에 설치되어 있는 부표 위에서 대기하다가 물속으로 뛰어들며 출발하는 방법, 물속에 미리 입수하여 대기하다가 에어호른 소리와 동시에 출발하는 방법, 마지막으로 물 밖에서 대기하다가 에어호른 소리에 맞춰 물을 향해 뛰어들어 시작하는 방법이 있습니다.

5   대회 중

▌수영

수영에 자신있다면 초반 200미터 정도는 스프린트로 치고 나가는 것이 몸싸움을 피할 수 있는 좋은 방법 중 하나입니다. 대략 대회 시작 후 5분 이내로 개개인의 수영실력에 따라 각각의 소그룹으로 나누어지고 다른 선수와 부딪힐 일은 적어지게 됩니다. 하지만 첫 경기라면 혹시라도 올 수 있는 패닉 상태에 노출되기 쉬우므로 뒤에서 천천히 출발하는 것이 좋습니다. 경기 경험이 많은 사람들 또한 제일 앞에서 시작하기는 두렵습니다. 첫술에 배부르기는 어려운 만큼 우리는 완주를 목표로 천천히 나아가도록 합니다.

1.5km 수영종목을 기준으로 대부분의 대회 코스는 역삼각형 시계 방향으로 레인을 2바퀴 돕니다. 만약 레인이 없더라도 심적으로 부담 없이 수영할 수 있고 헤드업 영법 등을 통해 바른 방향으로 수영할 자신이 있다면, 레인 바로 옆에서 출발하는 것 보다는 멀리 보이는 부표에서 수직으로 위치한 지점에서 출발하여 부표를 향해 직선으로 나아가는 것이 유리할 수 있습니다. 하지만 지속적인 헤드업을 실시하며 방향을 확인해야 하고 자칫 진행 방향을 잃을 경우 체력과 더불어 시간적으로 더 손해를 볼 수 있으니 유의해야 합니다. 레인 바로 옆에 붙어 가는 경우 방향을 헷갈릴 우려는 현저히 줄어듭니다. 또한 레인이 보이기 때문에 심리적인 안정을 취하며 대회를 시작할 수 있는 장점이 있습니다. 하지만 그만큼 레인 가까운 쪽을 차지하려는 많은 선수들과의 몸싸움은 불가피합니다.

여러 번 강조해도 모자라지 않은 점은 서두르지 말고 조급해하지 말자는 것입니다. 평상시 연습하던 대로 한다는 생각과 동시에 많은 안전요원들이 있다는 생각을 하며 심리적으로 안정을 취하면 좋습니다. 웨트슈트의 부력도 커서 가만히 힘을 빼면 물에 뜰 수 있다는 점 또한 머릿속에 떠올리며 수영을 진행하는 것이 좋습니다.

▌T1 (수영 → 사이클)

수영을 마치고 물에서 나오면 약간의 어지러움 증상이 있을 수 있습니다. 바다의 파도나 사람들이 만들어내는 물살 때문에 이런 증상이 발생할 수 있는데 이럴 때에는 심호흡을 하며 천천히 걸어서 바꿈터로 이동하는 것이 호흡을 안정시키고 신체 균형을 바로잡는 데 많은 도움이됩니다. 또한 바꿈터로 이동하면서 천천히 웨트슈트를 벗으며 이동하는 것이 경기 시간을 줄일 수 있습니다. 젖은 상태에서 슈트를 벗는 것이 가장 편하니, 바꿈터 이동 도중 간이 샤워기가 설치된 경우 샤워부스에서 팔을 빼내고 오는 것이 좋습니다.

대회 시작 전 바꿈터에 자전거를 거치하면서 레이스 벨트와 헬멧, 고글, 보충식 등 사이클 레이스 중 반드시 필요한 물품을 잊지 않도록 자전거에 미리 올려두는 것이 좋습니다. 헬멧을 쓰고 헬멧 버클까지 채우고 난 뒤에야 자전거를 거치대에서 내릴 수 있다는 점을 다시 한번 상기하고, 모든 복장과 준비를 갖춘 뒤 자전거를 끌고 바꿈터를 빠져나옵니다.

사이클

바꿈터에서 뛰어나오다 보면 급한 마음에 페이스를 갑작스럽게 올리기 쉽습니다. 하지만 사이클 초반에는 토크 중심의 페달링보다는 높은 케이던스를 유지하며 안정을 찾고 사이클에 적응하는 시간을 갖는 것이 필요합니다. 본인 에너지의 60% 정도의 힘으로 호흡을 정비하며 심신이 안정되도록 합니다. 그때부터 조금씩 속력을 올리면서 기어비를 조정하고, 적당한 힘과 함께 편안히 달릴 수 있는 상태를 유지합니다. 드래프팅을 주의하며 본인의 주로를 유지하도록 하고 갑자기 핸들을 꺾거나 급제동 등의 행동을 주의하도록 합니다.

페달링을 하면서 물을 마시거나 보충식을 꺼내 먹는 연습을 미리 해 두면 좋습니다. 속력을 유지하며 에너지를 보충함으로써 시간을 아껴 쓸 수 있기 때문입니다. 에너지젤이나 스낵바 등 보충식을 먹은 뒤 생기는 쓰레기는 본인 주머니에 챙기도록 합니다. 바닥에 버리는 행위는 다른 선수에게 위험요소가 될 수 있으며 또한 심판은 페널티를 부여할 수 있습니다.

같은 코스를 여러 번 도는 코스의 경우에는 본인이 몇 바퀴를 돌았는지 잊어버릴 때가 있습니다. 만약 속도계를 장착했다면 보다 수월하게 체크할 수 있겠지만, 속도계가 없는 경우에는 규정 바퀴 수를 못 채워서 실격하거나, 초과해서 달려 기록이 좋지 않게 나올 수도 있습니다. 본인이 얼마나 달렸는지 기억하며 대회를 운영하는 것이 가장 좋지만 초보자의 경우에는 핸들바에 고무줄을 달아두거나 바이크 탑튜브에 테이프 등을 붙여두고 Lap을 돌 때마다 제거하면서 체크하는 방법도 있습니다.

대회 규정 Lap을 모두 채운 뒤에는 다시 바꿈터로 돌아옵니다. 바꿈터에 가까워지면 서서히 속력을 줄이고 자전거 하차 지점을 넘지 않으면서 자전거에서 내립니다. 자전거 하차 지점은 폭이 좁을 수 있으므로 다른 참가자와 충돌을 피하기 위해 주위를 잘 살피고 브레이킹을 합니다. 하차 지점을 지나서 내리는 경우에는 페널티를 받게 됩니다.

▎T2 (사이클 → 러닝)

자전거에서 내린 뒤 자전거를 끌고 바꿈터에 들어갑니다. 이때 가장 중요한 점은 어떤 상황에서든 자전거를 우선적으로 거치대에 올려두는 것입니다. 자전거를 거치대에 올리지 않고 헬멧을 벗는다든지 러닝화로 바꾸어 신는 경우 등 자전거 거치 이전에 하는 모든 행동은 페널티를 받게 됩니다. 반드시 자전거를 거치대에 먼저 올려두고 다음 종목을 준비합니다.

자전거 거치 후 헬멧을 벗고 등으로 향해 있던 배번표를 다시 앞쪽에 부착합니다. 양말, 모자, 선글라스 등은 개인의 기호에 따라서 착용 여부를 결정한 후, 천천히 페이스를 올린다는 생각으로 근전환을 생각하며 러닝을 시작합니다.

▌러닝

트라이애슬론의 세 가지 종목 중 많은 선수들이 가장 힘들어하는 종목이 바로 러닝입니다. 아무래도 수영과 사이클을 통해 많은 체력 소모가 진행된 상황에 진행하며, 대회 중 가장 더울 때 진행하는 종목이기 때문이지요.

이렇게 힘든 환경에서 시작하는 러닝이기에 서서히 환경에 몸을 적응시키는 것이 중요합니다. 자신의 페이스를 찾지 못하고 근전환이 되지 않은 상황에서는 쥐가 나는 경우가 많으며, 충분한 수분 섭취가 되지 않아 탈수 등으로 포기하는 경우가 있으니 항상 자신의 컨디션에 집중하여 이러한 문제가 발생하지 않도록 사전에 대비하도록 합니다.

바꿈터를 빠져나와 러닝을 시작할 때에는 자신의 평소보다 낮은 러닝 페이스로 달리며 사이클에 적응해 있던 신체를 풀며 러닝에 적응할 준비를 합니다. 이후 속력을 서서히 올려주어 본인의 대회 페이스로 회복하여 달리기 시작합니다.

근전환과 더불어 러닝 시 중요한 것이 탈수를 조심하는 것입니다. 러닝 시에는 탈수현상이 나타나지 않도록 꾸준히 수분 섭취에 신경을 써주며 경기를 진행합니다. 이때 체온을 낮추기 위해서 머리와 몸에 물을 들이붓는 경우가 있습니다. 이때 물을 과다하게 부어서 신발에까지 들어가면 신발이 무거워짐과 동시에 발바닥이 물러져 컨디션에 악영향을 미칠 수 있으니 조금씩 몸을 적실 수 있을 정도로 주의하여 물을 붓도록 합니다.

6 대회 종료 후

완주 후에는 그늘에서 쉬면서 충분한 수분과 영양을 보충해줍니다. 대회가 끝난 뒤 바꿈터가 개방되고 본인 짐을 찾기 위해서는 반드시 손목의 배번 밴드가 있어야 하니 짐을 모두 되찾기 전에는 이 배번 밴드를 떼어버리지 않도록 합니다.

SWIM >

CYCLE >>

RUN >>>

TRIATHLON BIBLE

04

Finish
이제 당신도 아이언맨

우리의 도전에는 끝이 없다

트라이애슬론에 도전하기 위해 이 책을 손에 든 여러분, 이제 거의 다 왔습니다. 처음에는 막막하고 어렵게 느껴졌을지도 모릅니다. 하지만 이 책을 통해 준비해온 시간 동안 여러분은 한 걸음, 한 걸음씩 자신의 한계를 넘어서고 스스로를 더 강하게 만들어왔습니다. 처음에는 어렵고 낯설게 느껴졌을지 모르지만 여기까지 왔다는 것만으로도 이미 큰 성취를 이룬 것입니다.

트라이애슬론은 단순히 몸을 단련하는 것을 넘어 자신의 가능성을 믿고 끊임없이 도전하는 정신을 상징합니다. 이 과정에서 때로는 힘들고 지칠 때도 있겠지만 그 모든 노력이 쌓여 이제는 트라이애슬론이라는 무대에서 빛을 발할 준비가 되었을 것입니다. 수영, 사이클, 달리기를 모두 마쳤을 때 느끼는 성취감과 뿌듯함은 말로 표현할 수 없을 정도로 값진 경험이 될 것입니다.

완주 여부를 떠나 중요한 것은 여러분이 이 도전을 시작하고 끝까지 최선을 다했다는 사실입니다. 완주를 목표로 하는 것도 좋지만 무엇보다도 자신을 믿고 한 걸음 한 걸음 나아가는 과정을 즐기세요. 완벽하지 않아도 괜찮습니다. 그리고 그 과정에서 여러분이 느끼는 성취감과 즐거움이야말로 이 여정의 진정한 의미일 것입니다. 트라이애슬론은 단순한 스포츠를 넘어 여러분의 삶에 변화를 가져다줄 것입니다.

여러분의 도전을 진심으로 응원합니다. 지금까지의 노력과 열정을 믿고 자신 있게 출발선에 서세요. 여러분이 트라이애슬론을 완주하는 그날, 스스로 얼마나 대단한 일을 해냈는지 깨닫게 될 것입니다. 앞으로 펼쳐질 여러분의 모든 도전에 무한한 응원을 보냅니다. 파이팅!

" 한 번도 도전하지 않는 것은

실패와도 같다. "

Thanks to

저에게 새로운 길을 열어주시고, 이 책을 세상에 내놓을 수 있도록 가장 큰 도움을 주신 나윤도님께 깊이 감사드립니다. 당신의 응원과 영감이 없었다면, 이 책은 존재하지 못했을 것입니다.

함께 달리고, 함께 도전하며 소중한 시간을 만들어온 Team Show의 안성은, 노정현, 임충호님께도 고마움을 전합니다.

그리고 무엇보다도 나의 사랑하는 가족. 언제나 곁에서 응원해 주는 안젤라, 그리고 곧 우리 곁에 올 체리둥둥이에게 사랑과 감사를 전합니다.

트라이애슬론 바이블

초판발행	2025년 4월 10일
지은이	이재학
펴낸이	안종만 · 안상준
편 집	김보라
기획/마케팅	김민규
표지디자인	BEN STORY
제 작	고철민 · 김원표
펴낸곳	(주) **박영사**
	서울특별시 금천구 가산디지털2로 53, 210호(가산동, 한라시그마밸리)
	등록 1959. 3. 11. 제300-1959-1호(倫)
전 화	02)733-6771
f a x	02)736-4818
e-mail	pys@pybook.co.kr
homepage	www.pybook.co.kr
ISBN	979-11-303-2223-0 03690

정 가   16,000원